元財務官僚が
5つの失敗をして
たどり着いた

これからの投資の思考法

ウェルスナビ代表取締役CEO
柴山和久

ダイヤモンド社

JN130697

はじめに

国際結婚で知った、アメリカとの庶民レベルの資産格差

2013年のクリスマス。アメリカ・シカゴ郊外にある妻の実家で過ごしていた私は、ある数字に目を見張りました。それは、アメリカ人である妻の両親の、金融資産の額でした。

私は当時、経営コンサルティングファーム、マッキンゼー・アンド・カンパニーのニューヨーク事務所で、ウォール街に本拠を置く機関投資家による10兆円規模の資産運用をサポートしていました。その話を聞いた妻の両親から、「ウォール街の機関投資家をサポートするのもいいけれど、私たち家族の資産運用も見てほしい」と頼まれたのです。

妻の両親は、プライベート・バンクで資産を運用していると言います。私は、耳を疑いました。**プライベート・バンクというのは、通常は3億円から5億円、少なくとも1億円の資産を預けないと口座開設すらできない、富裕層専門の金融機関**です。一介のサラリー

マン夫婦が利用できるサービスではありません。

しかし、運用報告書を実際に見てみると、確かにプライベート・バンクのロゴが入っており、数億円の金融資産の内訳が記されていました。

妻とは、マッキンゼーの前に勤めていた財務省在籍時に留学したハーバード大学の茶道サークルで知り合いました。彼女もその両親も、普段の生活ぶりはとても質素です。近所の安いスーパーに買い物に行き、外食することもほとんどありません。車もごく普通の日本車です。プライベート・バンクに委ねるほどの資産をもっているとは、露ほども想像したことがありませんでした。

とはいえ、思い当たる節もありました。義父は退職する前、自家用飛行機を所有し、それを操縦して家族で別荘に行っていました。シカゴ郊外の自宅は広く、私たちが結婚したときには、裏庭にテントを張って80人が出席する披露宴を開くことができたほどです。

なぜ、サラリーマンだった妻の両親が、それほど多くの金融資産をもつことになったのでしょうか。

それは彼らが、若いときから**20年以上にわたって「長期・積立・分散」の資産運用をしてきたから**です。話を聞いてみると、会社の福利厚生で、まだ資産がほとんどない若い頃からプライベート・バンクによる資産運用サービスを利用できたといいます。幸運なことに、たまたま近所に住んでいたフィナンシャル・アドバイザーにも、資産運用を任せることができました。

アメリカ人は、預金をほとんどもたないことで知られています。**アメリカの個人金融資産に占める預貯金の割合は、わずか14%**です。

多くのアメリカ人は、毎月の収入から生活費や住宅ローン、教育費を支払った残りを資産運用に回します。日本のように老後の生活を、国の年金制度や会社の退職金に頼るわけにはいかず、自分で資産運用をする必要があるからです。1980年代のインフレで、預金の価値が大きく目減りしてしまった記憶も、この傾向を後押ししています。

妻の両親の話に戻ると、彼らは20年以上、プライベート・バンクやフィナンシャル・アドバイザーといった金融のプロに資産運用を任せてきました。プライベート・バンクは、アメリカを含む世界中の株式や債券などに幅広く資産を分散し、資産のバランスを調整しながら毎月、追加投資を行います。これを10年、20年と続けていくと、「長期・積立・分散」の資産運用が実現します。

妻の両親は、毎月の収入から生活費や住宅ローン、教育費を支払った残りを、預金ではなく資産運用に回していました。まだ資産が100万円に満たないときから富裕層向けの資産運用サービスを20年以上にわたって利用し続け、数億円の金融資産を築くことができました。

プライベート・バンクの運用報告書を手にしながら私の頭に思い浮かんだのは、東京に住む自分の両親のことでした。

金融機関に勤めていた両親は、バブルが崩壊してからは株式投資をやめ、資産を預金と保険だけに委ねていました。バブルの時代に組んだ住宅ローンを退職金で完済し、リタイア時には数千万円の資産を保有していました。年金も受け取っているので、日本では経済的に恵まれているほうだといえます。

ところが、**妻の両親と比べると、同じような年齢と学歴、職歴であるにもかかわらず、金融資産に10倍の差**があります。「長期・積立・分散」の資産運用をしてきたかどうかで、これだけの違いが出たことになります。

アメリカ人の妻の両親が、金融について詳しいわけではありません。子どものクリスマス・ギフト（日本のお年玉のようなもの）の運用はアドバイザーに頼まず自分たちで行っていましたが、投資信託の選択がうまくいかず、20年間運用してリターンはほとんどありませんでした。**大きな資産を築くことができたのは、金融リテラシーが高かったからではなく、富裕層向けの資産運用サービスをたまたま利用できていたから**です。

もしも私の両親が若かったとき、妻の両親と同じように、富裕層向けの資産運用サービスを利用できていたら。もしも銀行や証券会社、さらには郵便局や農協など全国津々浦々でこうした資産運用サービスが提供されていたら……。

そうであれば、私の両親は「長期・積立・分散」の資産運用をして、今の10倍近い金融資産を保有していたかもしれません。私の両親だけでなく、日本人全体が、もっと豊かになっていたはずです。

日米の家族の間に10倍もの金融格差があったことに、私は大きなショックを受けました。この出来事がきっかけとなり、私は日本で、誰でも安心して利用できる資産運用サービスを立ち上げようと決意しました。

いちばん備えるべきは日本人

私自身、イギリスの財務省で働いていた当時、趣味と実益をかねて、個人で株式や投資信託に投資をしていました。本書の第1章で紹介しますが、投資は大失敗の連続でした。知識も経験もないのに、直感だけでやっていたのだから当然の結果です。しかし当時の私には、その理由がわかりませんでした。

財務省では日本円にして数千億円、兆円単位のお金を扱うプロジェクトに関わっていても、いざ自分のお金になるとうまくいきません。なぜ自分は失敗したのか、なぜお金がどんどん減っていくのか、理由がまったくわからず鬱々《うつうつ》としていました。

そんなときに書店で出合ったのが、「長期」「分散」投資について体系的にまとまった本でした。資産運用は長期的な目線で行うこと、投資対象を世界中に分散すること、年齢とともに少しずつリスクを下げていくこと……。それまでまったく知らなかった資産運用の基本を目の当たりにし、靄が晴れたような気分になったことをよく覚えています。

私がロンドンで株式投資をしていたのは、慣れない仕事の代わりに、投資で成果を上げることで自分を満足させたかったからです。ただ、多くの人は、もっと実質的な理由で資産運用をしています。いちばんには「老後への備え」ではないでしょうか。

先進国の中で今、もっとも切実に「老後への備え」を必要としているのが日本です。少子高齢化が急に進み、**私たちの親世代が当たり前に受けてきた国や企業からのサポートが今後、手薄になる**ことは明らかです。働く世代の多くがそれに気づいていますが、どうしたらいいかわからず、信頼できる相談相手もなく、ひとりで悶々《もんもん》と悩まざるを得ない状況です。

世界のスタンダードにならえば、「老後への備え」の解になるのは、資産運用です。しかし、日本で働く世代の多くは、その解を知るすべすらありません。

正しい資産運用について知る機会があるかないかで、人生の豊かさは大きく変わります。日本の場合、誰もが安心して利用できる、いわば社会インフラとしての資産運用サービスも切実に求められています。

1000の質問が教えてくれた

２０１５年春、私はマッキンゼーを退職し、ウェルスナビを起業しました。あらためて自己紹介しておくと、私は大学を卒業してから一貫して、お金に関わる仕事をしてきました。財務省では金融や財政政策に関わり、マッキンゼーでは日米の金融機関をサポートしてきました。そして今、全自動の資産運用サービス「ウェルスナビ」を手がけています。

財務省やマッキンゼーで働いていたとき、あるいは起業家教育で有名なビジネススクールに通っていたときでさえ、自分が起業するとは想像していませんでした。**誰でも安心して利用できる資産運用サービスを日本に生み出したい。**この願いをかなえるため、気づけば会社を作っていた、というのが正直な感覚です。20年近く、仕事で考え抜いてきたお金の哲学と、財務省時代から抱いてきた、働く世代の将来を支援したいという想いをすべて注ぎ込んでいます。さまざまな人の力を借り、２０１６年7月に全自動の資産運用サービス「ウェルスナビ」を正式にリリースしました。

こうした資産運用を実践する仕組みとは別に、正しい資産運用について伝える本を書きたいと常々考えていました。ロンドンの書店で出合った一冊の本が私を変えたように、正しい資産運用を知る機会があれば、より豊かな将来を築ける人が増えると確信していたからです。

正しい資産運用を伝えるうえで、いちばんの財産となったのは、「1000の質問」です。

この2年間で約80回の資産運用セミナーを開き、王道とされる「長期・積立・分散」の資産運用の考え方や、実践の方法について解説してきました。約80回のセミナーを通じ、参加者の皆さんから、のべ1000以上の質問をいただきました。なぜ資産運用に尻込みしてしまうのか、どこでつまずいているのか、どんな勘違いがあるのか。資産運用について真剣に考えている、たくさんの人から教えていただきました。本には、「1000の質問」のエッセンスを詰め込んでいます。

この本で伝えたいこと

この本は特に、資産運用が初めてという人、資産運用をしているものの自信をもてない人にとって、役に立つ内容になっています。ポイントは3つあります。

まず、**老後に向けた正しい資産運用がどのようなものか**がわかります。ここでいう「正しい」とは、単に理論的に正しいだけでなく、海外の機関投資家や富裕層の間で長年実践されていて、世界水準として広く推奨されているということです。

私はマッキンゼー時代、資産規模10兆円の機関投資家をサポートしていました。金融のプロが行う世界水準の資産運用は、時間と世界を味方につけます。正しい資産運用を知れば、「投資は怖い」というイメージが覆るはずです。

次に、**なぜ人間が資産運用に失敗するのか**がわかります。資産運用をする誰もが「成功したい」と思うはずですが、一定の割合で失敗する人が存在します。失敗する主な原因は、ノーベル賞に二度輝いた行動経済学によってすでに明らかになっています。

たとえば、タイミングを見計らって投資をすると、かえって損をすることのほうが多いことや、その原因がわかっています。正しい資産運用を知るまで、ことごとく投資に失敗してきた私の経験談も赤裸々《せきらら》に綴りながら、人間の脳が資産運用に向いていない理由を解説しました。

最後に、**お金と、さらには人生とこれまで以上にしっかり向き合うきっかけ**になればと考えています。資産運用の目的はただ単にお金を増やすことではありません。資産運用によってお金から自由になれば、本当に人生で実現したいことに取り組めるようになります。お金と真剣に向き合うことは、自分の人生と真剣に向き合うことでもあるのです。

この本が、ひとりでも多くの人の人生を、そして社会全体を豊かにする一助になれば、
私にとってこれほどうれしいことはありません。

目次

元財務官僚が
5つの失敗をして
たどり着いた
これからの
投資の思考法

第2章 時間と世界を味方につける資産運用とは？

第3章 日本の資産運用はガラパゴス化している

第4章 日本人が知らなかった〝正しい〟資産運用

第5章 人間の脳は資産運用に向いていない

第6章 テクノロジーが実現する豊かな未来

第7章 お金から自由になったら何をしたいか

第1章
5つの失敗から学んだ投資の鉄則

資産運用の王道は「長期・積立・分散」です。「長期・積立・分散」の資産運用については第2章から詳しく説明しますが、私自身は長年お金の仕事に携わりながらも、そこにたどり着くまでに10年かかりました。その間にいろいろな投資を試みては、その度に失敗してきたのです。本章では、5つの失敗談を紹介しましょう。

私が投資して失敗した金融商品は、普通の投資信託や株式などで、何ら詐欺《さぎ》的なものではありません。**ごく普通の金融商品であっても、正しく活用しないと結果として失敗してしまう**のが資産運用の難しいところです。

ここでは当時の私の心境まで、あえて赤裸々に書き綴っています。私個人の失敗談ではありますが、多くの個人投資家の失敗とオーバーラップする部分があると思います。

第1の失敗：銀行の特別待遇に舞い上がった

私が資産運用を始めたのは、ボストンでの留学から帰国する直前のことです。日本に帰る前、銀行口座を解約するために、大学の正門の向かいにある支店を訪れました。生協のすぐ隣にありATMコーナーには幾度となく通った、なじみのある銀行です。

支店の窓口で、「口座を解約し、残ったお金は日本の銀行に送金したい」と伝えました。すると行員が突然にこやかになり、2階へ案内されました。2年間、一度も足を踏み入れたことのなかった場所です。

2階は落ち着いた空間で、資産運用のコンサルティングブースが並んでいました。投資アドバイザーは親しげな口調で私に、「口座に残っている30万円を資産運用に回してはどうか」と勧めてきます。実のところ、留学していた2年間、こんなに丁寧な扱いを受けたことはありませんでした。

提案されたのは、**世界的にも有名な保険グループが運用する投資信託**でした。私は、目の前にいる投資アドバイザーも、投資信託を運用している保険グループも、どちらも信頼できそうだと感じました。銀行口座を解約するはずが、言われるがままに資産運用口座を追加で開設し、書類にサインして、提案された投資信託をそのまま買いました。

帰国後、毎月送られてくる報告書に目を通すと、投資信託のリターンはいつもマイナスでした。親切にしてくれた投資アドバイザーに聞きたくても、当時は日本から簡単にアクセスできませんでした。結局、損失を出したまま、数年後に解約することを決めました。

残念ながら、解約の対応は決して丁寧ではありませんでした。国際電話でコールセンターにかけてもつながらず、せっかくつながっても「解約」を口にした途端、体よくたらい回しにされたり別の商品を勧められたりするばかりです。買ったときと同じ銀行とは信じられないような対応に、フラストレーションが募りました。

この一件で、どうしても思い出せないことがひとつだけあります。それは、私が買った投資信託がどのような商品だったのか、ということです。株式中心だったのか、債券中心だったのか、それとも別のものだったのか、ということさえ記憶にありません。そもそも**何に投資していたのか、覚えていない**のです。

▼第1の失敗から学んだこと

失敗した最大の理由は、**銀行からの特別な扱いに舞い上がってしまい、冷静な判断ができなかった**ということです。

ボストンでの2年間は正直、心地のよいものではありませんでした。毎日机に向かい、100ページほどのテキストを予習していましたが、会話はそれほど上達しません。大学では皆親切に接してくれるのですが、キャンパスから一歩外に出ると、地元のコミュニティにうまく溶け込めずに疎外感を覚えていました。カフェで「クロワッサン」を注文したら、「ハアーッ?」と露骨に嫌な顔をされ、指でクロワッサンを指しながら何度も言い直すと、いちいち発音を直されます。こんな日々が2年続きました。

留学生活の最後の最後で、大学の外では経験したことがないくらい親切な応対を受け、私は緊張し、舞い上がってしまいました。**突如として丁重に扱われる理由を、冷静になって考える余裕がなかった**のです。

おそらくあの銀行のあの支店では、「毎年6月に卒業を迎えて口座を解約しに来る多くの留学生たちに投資信託を売る」というビジネスモデルができ上がっていたはずです。私はそれに気づかないまま、ただ「親切なこの人が勧める金融商品ならば、きっとよいものに違いない」と思い込み、投資信託の中身を確認することを怠ってしまいました。

第2の失敗：「過去のリターンの実績」で選んだ

ボストンの銀行で、勧められるままに買った投資信託のリターンがずっとマイナスだったので、次は「過去のリターンの実績」を自分で確認して投資信託を選ぼうと思いました。帰国後、証券会社の支店に行き、たくさんのパンフレットをもらってきました。

さまざまな投資信託の「過去のリターンの実績」を比較し、最終的に2つを選びました。合わせて60万円程度の投資だったのではないかと思います。

そのうちのひとつは、**アメリカの伝統ある資産運用会社が運用する、日本の小型株の投資信託**でした。小型株というのは、上場企業の中でも比較的、規模が小さい企業の株です。

この投資信託を選んだのは、小型株に興味があったからではなく、**「過去のリターンの実績」がもっともよかった**からです。

パンフレットには、世界中の拠点にあるアナリストが独自の企業調査を行い、運用チームが「ボトムアップ・アプローチ(1)」で投資対象を決めると書いてあり、洗練されている印象を受けました。

この投資信託への投資も、うまくはいきませんでした。

当時、好調だった日本の小型株は、上場して間もないＩＴ企業でした。この投資信託は、実質的には「日本のＩＴ企業」を対象に投資するテーマ投信だったのです。過去のリターンが高かったのは、一部のＩＴ企業の株価が高騰していたからでした。

運用報告書には、投資信託に組み込まれた数百の銘柄のうち、ほんの数銘柄のリターン

(1) 個別企業に対する調査に基づき、個別銘柄を積み重ねてポートフォリオを組成していく運用手法

がとても高いと書いてありました。多少の不安を感じたものの「これまでのリターンの実績はよかったのだから」と言い聞かせ、そのままにしていました。

2006年1月にライブドア事件が起きると、日本のIT企業の株価は軒並み急落しました。リターンの源泉だった数銘柄は、その前の上昇率が高かった分、下落率も抜きんでていました。資産の評価額は大きく減って、損失を抱えたまま売ることになりました。

▼第2の失敗から学んだこと

失敗した大きな原因は、「過去のリターンの実績」だけに気を取られ、**投資信託の中身やリスクを理解しないままに選んでしまった**ことです。結果としてテーマ投信を買っていたのですが、私はそのことにすら気づいていませんでした。

テーマ投信は、投資初心者に人気です。その理由は「表面的なわかりやすさ」と「過去のリターンの高さ」にあります。

「IT」「バイオ」「インド」「中国」「ブラジル」「シェールガス」「クリーンエネルギー」

「人工知能（AI）」「インバウンド」「フィンテック」……。テーマ投信は、その時々で盛り上がっているキーワードをテーマに投資先を選んでいます。報道などでもよく取り上げられるキーワードなので**イメージしやすく、わかった気になりやすい**のが特徴です。

最近だとAIがよく話題になるので、AIのテーマ投信も人気です。しかしAIの仕組みや投資先の事業の内容、リスクについて正確に理解して買う人はどれだけいるでしょうか。AIという近未来のイメージに魅せられ、時間をかけて調べることを怠ってしまう場合も多いでしょう。

しかも、**多くのテーマ投信は「過去のリターンの実績」が高い**のです。「過去のリターンの実績」がよいと、将来的にも高いリターンが期待できると誤解しがちです。

ここで、テーマ投信がつくられる仕組みを見てみましょう。

毎年、数多くの投資テーマが新たに考え出され、それぞれのテーマに沿って、ごく少額の投資信託として生まれます。その時点ではまだ販売されず、たとえば1年後にリターンを計測されます。リターンが低いテーマ投信や、リターンがマイナスのテーマ投信は販売しても売れないため、世に出ることなく消え去っていきます。こうして、「過去のリターンの実績」のよいテーマ投信ばかりが商品化され、販売されることになります。いわば、選抜されてから売られている、というわけです。

しかし、「過去のリターンの実績」がよいからといって、それが続くとは限りません。むしろ、その逆のケースが多いことが知られています。アメリカでは、２００６年から２０１１年までの５年間でリターンが高い投資信託の上位20％について、その５年後に追跡調査すると、半分近く（46％）のリターンが下位20％まで悪化するか、運用停止になっているという研究結果もあります。[2]

テーマ投信は、投資テーマがブームを迎えるとたくさん買われて大きく値上がりし、ブームが過ぎると一気に売られて大きく値下がりします。**テーマ投資で成功する方法のひとつは、まだブームが到来していないテーマを選ぶ**ことです。

私の場合、日本のＩＴ企業の株価が上り調子になってから買い、ＩＴ企業の株価が軒並み下落してから売ったので、損失が出ました。もっと早い時期に買い、私が買ったような上り調子のタイミングで売っていたら、利益は出ていたはずです。

とはいえ、ブームの頂点で売るような判断は、投資の初心者にとってはかなり難しいといえます。

テーマ投信については、２０１７年４月、金融庁の森信親長官（当時）もこう述べています。

「日本で売れ筋商品となっているテーマ型投信は、売買のタイミングが重要な金融商品といえます。当然、安く買って高く売ることが基本となりますが、継続的に適切な売買のタイミングを見極めることができる投資家は、プロの中にも少ないはずです[3]」

（2）Vanguard, "Vanguard' s Principles for Investing Success", 2017. Vanguard, "Reframing investor choices: Right mindset, wrong market", 2016においても、モーニングスターのデータを用いた同様の研究が行われており、２００５年から２０１０年までの5年間でリターンが高い投資信託の上位20％について、その5年後、追跡調査すると、その3分の1以上（37％）のリターンが下位20％まで悪化するか、運用停止になっているという結果となっています。

（3）日本証券アナリスト協会 第8回国際セミナー「資産運用ビジネスの新しい動きとそれに向けた戦略」における森金融庁長官基調講演（２０１７年４月７日） https://www.fsa.go.jp/common/conference/danwa/20170407/01.pdf

第3の失敗：銀行のブランドだけで判断した

日本小型株の投資信託と同じ時期に買ったのは、**世界全体に分散して投資するバランス型の投資信託**でした。資産運用の王道は「長期・積立・分散」なので、はからずも正しい選択をしていたことになります。

この投資信託を選んだのは、**銀行のブランドを冠していたから**です。当時の私には、専門的な説明は理解できず、５段階のリスクの中から債券が中心の資産配分を適当に選びました。

債券が中心だったので大きなプラスのリターンが出るということはなく、為替の影響も受けました。ただ平均して年２〜３％くらいのリターンはあり、決して悪い商品ではありませんでした。

ところがある日突然、この投資信託が運用停止になり、その時点の資産価値で現金になって戻ってきてしまいました。資産運用の世界では「**早期償還**」といってよく起きることなのですが、当時の私はこうしたリスクをまったく認識しておらず、寝耳に水の出来事でした。

▼ 第3の失敗から学んだこと

損失を出したわけではないので、「失敗」は言いすぎかもしれません。しかし、世界全体に分散投資する投資信託の中でもっと安定したものを選んでいれば、もっと長く資産運用をすることができたはずです。

この投資信託は銀行のブランドを冠し、運用方針も手数料も良心的でした。皮肉なことに、良心的であるがゆえにアピールポイントに乏しく、ビジネスとして成り立たなかったのでしょう。**早期償還によって顧客に迷惑をかけることになるので、銀行の担当者は断腸の思いだったはず**です。

早期に償還されると、現金でそのまま返ってくるので、直ちに損失が発生するわけではありません。しかし、何の前触れもなく長期投資が中断してしまうことの心理的なショックや、税金の効果まで考えると、長期的な資産運用のリターンは下がってしまいます。

私の失敗は、銀行のブランドだけで短絡的に判断してしまったことです。銀行のブランドを冠しているくらいだから大丈夫だろうと楽観的に考え、十分な安定性を備えるだけの純資産総額があるかどうかを調べませんでした。

資産運用は、コストのかかる事業です。金融の専門家に加え、ＩＴシステムも複雑で定期的なアップデートが必要です。事務処理にミスは許されません。定期的にパフォーマンスを計測し開示するにもコストがかかります。残念なことに、運用方針や手数料が良心的であればあるほどこうしたコストをカバーできず、赤字に陥りやすくなります。

アメリカでは、純資産総額が数兆円の投資信託が人気です。大規模になれば、良心的に運営していてもコストをカバーできるからです。日本では、預かり資産が１００億円に満たない投資信託が全体の８割を占めています。(4) **日本の投資信託を買うときは特に、純資産**

総額を確認し、長期投資を託すにふさわしい安定性があるかどうかを確認する必要があります。

第4の失敗：オススメされた株にそのまま投資した

投資信託をうまく選べずに失敗した私は、今度は株式投資を始めようと考えました。

きっかけは、イギリスの財務省に出向したことでした。日本の財務省と比べて勤務時間が短く、18時過ぎにはオフィスを出ないと上司から注意されるほどで、時間に余裕がありました。本音をいえば、英語でのコミュニケーション力が十分でなく、イギリス政府の仕事の進め方にも慣れないので仕事を任せてもらえていないのではないか、という鬱屈《うっくつ》した思いもありました。

（4）「平成28事務年度 金融レポート」（金融庁、平成29年10月発行）

あるとき、アメリカの銀行から株式投資の案内が来ました。投資信託だけでなく、**株式もオンラインで買えるようになった**ということでした。銀行のサイトで、「あなたにオススメ」といった表示を見つけクリックしてみると、ふとした拍子に、簡単に株を買うことができました。「オススメ」されたものの、どんな企業なのかよくわからないままでした。

少し経ってから調べてみると、オンラインで画像データをやり取りする仕組みを開発している企業のようでした。アナリストレポートを読むと、事業の将来性があり、〝買い〟だと書かれています。夢があり、世界が広がったような感覚になりました。「お金を増やしたい」というよりも、「投資で成功して自信をつけたい」という気持ちでした。

ところが、この企業の株価はみるみるうちに下がっていきました。結局、大きな損失を出して株を売ることになりました。

▼第4の失敗から学んだこと

お気づきかと思いますが、失敗の原因は、**よく知らない企業に投資をしてしまった**ことです。

その2年後に財務省を辞めて留学したビジネススクールの授業で、私はもう一度この企業に出合うことになります。経営不振に陥って株価が下がったことで、従業員のストック・オプションの価値が下がってモチベーションが低くなり、さらに経営不振が加速する……。負のスパイラルの事例として、この企業が取り上げられていました。状況をまったく知らないまま株式投資をしていたことに、愕然としました。

今になって思えば、何の知識もなく株式投資をするとは信じられないことです。株式投資で成功している投資家は、相当の手間と時間をかけています。特にプロの投資家は調査をサポートしてくれるスタッフや、分析ツールをそろえ、四六時中、投資のことばかり考えています。個人投資家にも、プロ顔負けに情報収集している人が大勢います。

株式投資に失敗した数年後、私はマッキンゼーの東京オフィスやニューヨーク・オフィスで、企業や事業を評価するプロジェクトに参画し、事業や企業の価値や将来性を評価する手法を身につけました。金融業界では、これを**デューディリジェンス**（due diligence、略してＤＤ）と呼びます。

ＤＤを依頼するのはたいてい、大きなリスクを取って大きなリターンを狙う投資ファンドです。ある企業を買収し、経営権を得ようとするときに、買収候補の事業の将来性を客観的に把握するために、マッキンゼーなどの経営コンサルティング会社に査定を依頼します。ＤＤでは、守秘義務契約を提携したうえで企業の内部情報を入手し、経営陣へのインタビューや、業界の専門家の知見も加えて、売上や利益率など、事業の将来性を評価します。百聞は一見にしかずと、買収候補やその取引先に匿名で視察に行くこともあります。

時間もお金もかけてＤＤを行い、数百ページにわたって詳細に分析すると、事業の将来性を一定の精度で予測することができます。私が関わったＤＤのひとつでは、投資ファンドが買収に成功し、数年後に事業を大きく成長させたうえで売却したケースもありました。おそらく１００億円を超える売却益があったはずです。

いくつものＤＤから学んだのは、**十分な時間と費用をかけて情報を集め、徹底的に分析を行えば、企業の価値や将来性はある程度、合理的に評価できる**ということです。「**アウ**

トサイド・イン（outside-in）」といって、企業の内部情報にアクセスせずに、公開情報の範囲で企業の価値や将来性を測ることもできます。こうした努力を何もせず、片手間に株式投資をするのは、竹槍で戦車と戦うようなものでした。

第5の失敗：「有名だから」と投資した

株式投資の話には、続きがあります。最初の株式投資での損失は数万円程度だったのですが、損失を取り戻したい、という気持ちが強くなった私は、より真剣にいくつもの企業を調べ、5社の株式に投資をしました。

投資銀行、IT企業、製薬企業、それに消費財ブランドのラテン・アメリカ子会社などがあったと思います。いずれも、有名な企業ばかりです。

最初こそプラスのリターンだったのですが、みるみるうちに下がっていきました。アメリカの代表的な株価指数であるS&P500が5%くらいしか下がっていないときに、私が選んだ企業の株価は20％も下がり、さすがに青ざめました。

そんな折、ひょんなことから「長期・積立・分散」の資産運用について知る機会があり、自分の投資方法が根本的に間違っているのではないかと思いました。仕事に忙しくなったこともあり、もっていた株式をすべて売却しました。損失は数十万円に拡大していました。

▼第5の失敗から学んだこと

失敗の原因は、**名前を聞いたことがある企業ばかりに投資した**ことです。

有名企業には、時として個人投資家による投資が集中します。「買いたい」という人が多くなると需給バランスが崩れ、株価が実力以上に上がってしまいます。高値で買った人はその後、リターンがマイナスになってしまいやすいという問題があります。

私が投資した5社のうちのひとつがグーグル(5)でした。ある本を読んで感銘を受け、グーグルの株を買おうと考えたとき、およそ自分だけがグーグルのことをよくわかっていて、高く評価していると思っていました。しかし、グーグル株で成功した個人投資家の多くは、私よりもずっと早い時期にグーグルの将来性を信じ、株を買っていたのです。しかも私は、グーグルの**長期的な成長性を信じていながら、短期的な損失に耐えられずに株を売却**してしまいました。

私はグーグルの株価が天井のときに買い、その後、株価が3割近く下がるのを見て怖くなり、底値で売っていました。もしそのタイミングで売らなかったとしても、リーマン・ショックで世界中の株価が暴落したタイミングで売っていたでしょう。しかし仮にグーグル株を売らずに今ももっていたとしたら、10年あまりで資産価値は4倍くらいになっていたはずです。

振り返ってみると、こうして**小さな失敗を重ねたことは幸運**でした。失敗がきっかけで、「長期・積立・分散」の資産運用について知ることができたからです。

（5）現在のAlphabet Inc.

あるとき、思い立ってロンドンの書店の資産運用コーナーを訪れました。そこでもっとも目立っていたのが、長期的な分散投資のメリットとノウハウを説明する本でした。なぜ長期投資が大切か、グローバルに分散するとはどういうことか、資産配分をどう考えるか――。緑色の装丁が印象的で、自然と手に取ったこの本が、私の人生を変えることになりました。

その後、ふと東京の書店で資産運用コーナーに立ち寄ってみると、「長期・積立・分散」について説明する本はほとんどなく、あっても本棚の隅に追いやられていました。

「長期・積立・分散」の資産運用が、日本ではまったく知られていない。一般の人が世界水準の資産運用をしたいと思ってもその方法を知るすべがない。この問題意識は、私がウェルスナビを創業したり、この本を執筆する原動力にもなりました。

名だたる投資家たちの実績も幸運による、という事実

さて、ここまでは私自身の失敗とそこから得た教訓を述べてきました。しかし**世の中で称賛されている資産運用の多くについても、実は根拠が薄く、いい加減**ともいえます。それを知ったのは、ビジネススクールの講義でした。資産運用にフォーカスした授業を受けるとき、私は世の中には知られていない、素晴らしい資産運用について学ぶことができるのかと期待していました。しかし、その期待は完全に裏切られました。

資産運用の評価のひとつに、ベンチマークとなる指標（たとえば日経平均）と比べる方法があります。**重要なのは、リスクとリターンの両方を比較すること**です。リターンだけを比較するのは無意味です。

仮にリターンが高いとしても、それが過剰なリスクを取った結果だとしたら、資産運用としてはよくないということになります。仮にリターンがマイナスであったとしても、悪

い資産運用だとは限りません。日本株に投資して5％の損失を出していたとしても、同じ期間で日経平均が15％下がっているとしたら、資産運用としては優れていると評価されます。リスクを低く抑えることに成功しているからです。

ビジネススクールでは、資産運用の評価の方法について徹底的にたたき込まれました。その方法は、非常にユニークでした。

業界で大きな成功を収めている資産運用会社の経営者や投資責任者を授業に招き、投資哲学や運用方針について教授が質問します。招かれた人たちは、自分たちの資産運用がなぜ優れているのか、自信に満ちた口調でプレゼンしてくれます。

次の授業では、運用データを分析し、理論的な検証を行いながら、プレゼンで語られたことを客観的に評価していきます。

結果は驚くべきものでした。リスクとリターンをきちんと精査してみると、**「優れている」と手放しで評価できる資産運用は数えるほどしかなかった**のです。

たとえば、リターンは高いものの、ベンチマークに劣っているケース。顧客のお金は増えているものの、資産運用会社の貢献度はマイナスです。

パフォーマンスはよいものの、資産運用方針とずれてしまっているケース。たとえば、よりよい銘柄を選ぶという運用方針なのに、実際には金利の変化が追い風になって高いリターンを得られたのであれば、高成績は偶然の産物だったということになります。

名だたる投資家や資産運用会社の功績の多くが、いわば幸運によってもたらされていたという事実は私にとって衝撃的でした。この結果を、どう考えればよいのでしょうか。資産運用会社の経営者や投資責任者は、本当に気づいていないのでしょうか。あるいは気づいていても、外に向かって言わないだけなのでしょうか。ひとついえるのは、こうした投資家や資産運用会社の顧客は、**再現可能な仕組みではなく、ただの幸運に対して手数料を払っている**ということです。

かつてナポレオンが、旗下の将軍を登用するとき、幸運に恵まれているかどうかを基準にしたという逸話もあり、幸運もときに大切なのでしょう。しかしナポレオンの運命からも明らかなように、幸運はいつまでも続くとは限りません。

第2章
時間と世界を味方につける資産運用とは?

10兆円も10万円も、資産運用のアルゴリズムは同じ

私が経験してきた投資の失敗をひと通り紹介したところで、なぜ「長期・積立・分散」の資産運用こそが王道といえるのかを、本章で示していきたいと思います。

妻と私の両親の〝10倍の金融格差〟に衝撃を受けた当時、私はマッキンゼーのニューヨーク事務所で、資産規模10兆円のウォール街の機関投資家をサポートしていました。プロジェクトの目的は、リーマン・ショックの教訓を踏まえてリスク管理の水準を強化しつつ、世界水準《ワールドクラス》の資産運用の仕組みを構築することでした。

マッキンゼーのニューヨーク事務所は、マンハッタンの一角にオフィスを構え、全米の金融機関を幅広くサポートしています。私もニューヨークを拠点に、シカゴ、ダラス、そしてウォール街でのプロジェクトに参画しました。

マンハッタンの南端を東西に走るウォール街には、ニューヨーク証券取引所を囲むようにして金融機関が密集しており、世界の金融の中心です。そのウォール街に本拠を置く機

関投資家のプロジェクトに参画した私を待っていたのは、極めて地道な仕事でした。

まずは経験豊富な金融専門家のチームと一緒に、リスク管理のガイドラインや資産運用の枠組みを一からつくりました。それが一段落すると、クオンツと呼ばれる金融工学の専門家のチームと共同で、10兆円の資産を運用するためのアルゴリズム（複雑な数式の組み合わせ）を10カ月かけて設計・開発していきました。

でき上がったアルゴリズムを見て、ふと気づいたことがあります。アルゴリズムは結局、数式です。**10兆円でも10億円でも10万円でも、それこそ500円でも、資産運用のアルゴリズム自体は同じ**です。

実際、アメリカ人の妻の両親の金融資産の内容と、10兆円規模の機関投資家の資産運用を比べてみると、細かな違いはあるものの、**同じような考え方に基づき、同じように運用されている**ことは明らかでした。**「長期・積立・分散」の資産運用**です。

「長期・積立・分散」の資産運用とは、

- **10年以上**（できれば20年以上）の長期投資

● 毎月、**一定の金額**を投じる積立投資
● **世界中のさまざまな資産**への分散投資

を組み合わせることです。

「長期・積立・分散」が、資産運用の世界的なスタンダードであることは、多くの機関投資家や富裕層の資産運用の中身を見ればすぐにわかります。

世界最大規模の運用資産と洗練された投資手法、そして高い運用成績で知られる、ノルウェー政府年金基金の資産運用を覗いてみましょう。

あまり知られていませんが、ノルウェーは北海油田を保有する産油国です。原油収入によって１９９８年から年金基金を運用しており、運用額は約１１０兆円と、世界最大規模です[1]。北海油田からの原油収入を20年以上にわたって積立投資し、世界中に分散しながら、長期的な視点での運用を続けてきました。**アメリカをはじめとする海外の富裕層にとっても参考にすべきベスト・プラクティス**だといえます。

まずは、ノルウェー政府年金基金の資産配分（ポートフォリオ）を見ると、66％が株式、

世界最大級ファンドは世界中に分散

ノルウェー政府年金基金の資産配分（2018年3月末）

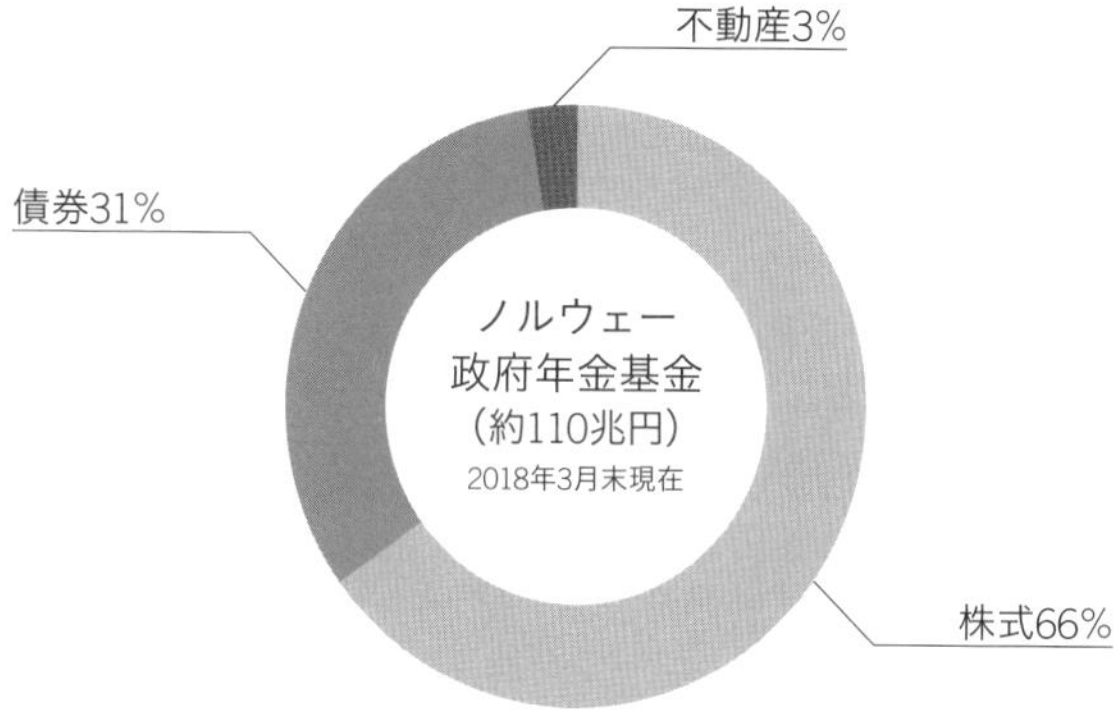

72カ国、9146銘柄に分散

31%が債券、3%が不動産になっています（上図）。具体的には、アップルやマイクロソフト、ネスレ、シェル、グーグル、アマゾンをはじめとする72カ国、9146銘柄に投資しています。(2) **世界全体のさまざまな資産に幅広く分散している**のです。

ノルウェー政府年金基金の話をすると、決まってこんな質問を受けます。

「110兆円もの資産があれば、世界中で

(1) 世界最大の年金基金は、米国政府の社会保障信託基金（Social Security Trust Fund）であり、日本政府の年金基金（年金積立金管理運用独立行政法人：GPIF）がそれに続きます。しかし、いずれも運用方針が政府の影響を受けやすく、長期的な運用リターンもノルウェー政府年金基金には及ばないため、本章では世界第3位のノルウェー政府年金基金を紹介します。

(2) 2018年3月末現在。https://www.nbim.no/en/the-fund/

世界最大級のファンドでも過去20年のうち4年はマイナスのリターン

ノルウェー政府年金基金の毎年のリターン

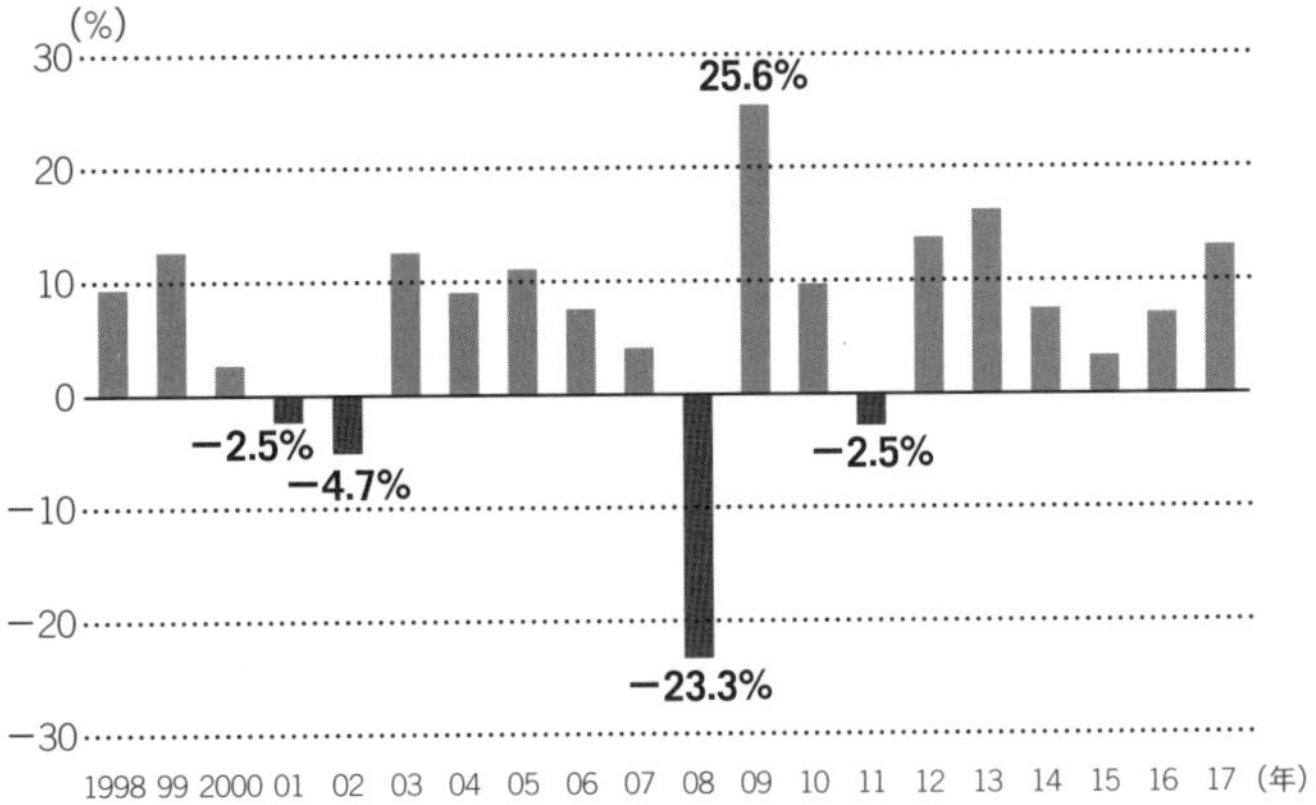

もっとも優秀な資産運用の専門家からサポートを受けられますよね？　たとえリーマン・ショックのような金融危機があっても資産を減らさずに運用できるのでしょうか？」

世界屈指の金融の専門家が指南すれば、１００年に一度の危機さえも無傷で乗り切れたのでしょうか。

毎年のリターンを見てみましょう（上図）。

実際には、リーマン・ショックが起こった２００８年には23・３％もの損失が出ています。「９・11」やＩＴバブル崩壊に見舞われた２００１年にも２・５％の損失が出ており、翌２００２年はさらに悪化して４・７％の損失でした。過去20年のうち、４年はマイナス

世界最大級のファンドは長期的なリターンの最大化を目指している

ノルウェー政府年金基金の運用パフォーマンス(累積)

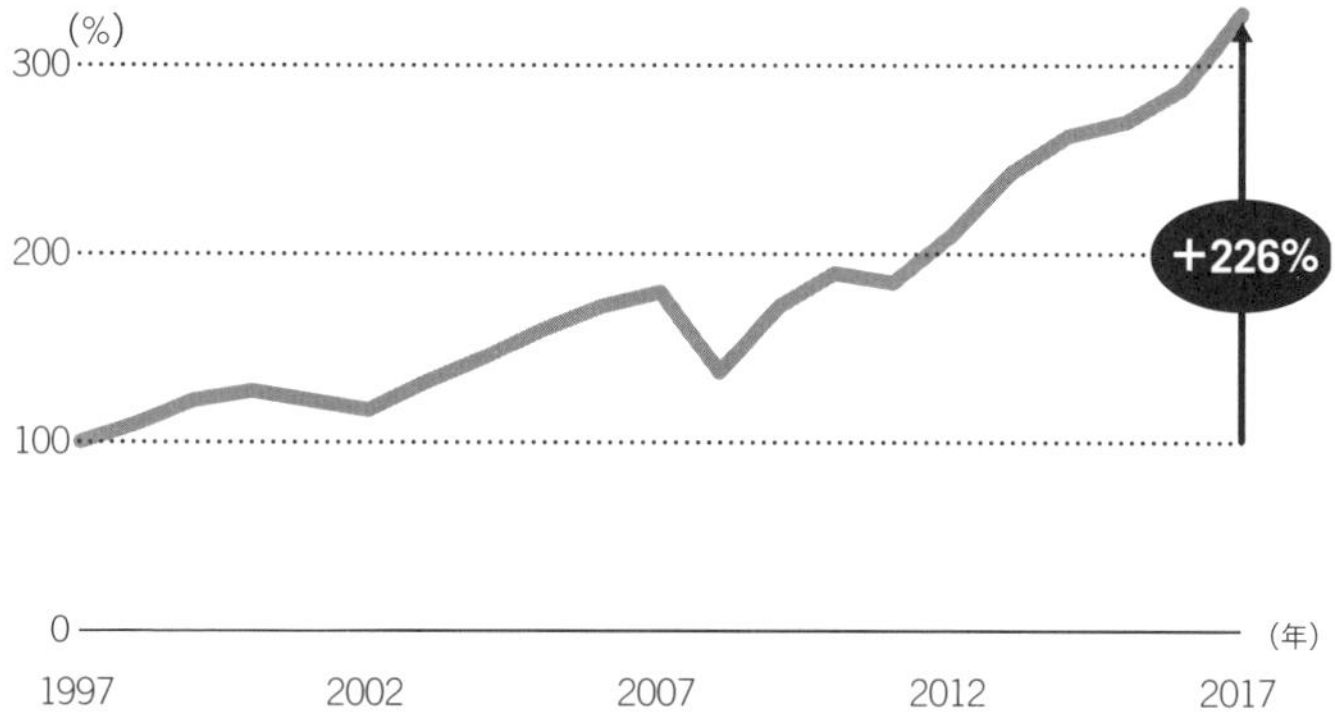

のリターンだったことになります。

ポイントになるのは、ノルウェー政府年金基金が、リスクを適切な範囲に抑えつつ、**長期的なリターンの最大化を狙って資産運用を行っている**ということです。

今度は、毎年のリターンではなく、長期のリターンに注目してみましょう（上図）。1997年末から2017年末までの20年間トータルでのリターンは、＋226％（平均すると年6・1％）でした。2008年には、リーマン・ショックによって大きく資産が目減りしましたが、20年間を通して見ると、一時的な損失に過ぎなかったことがわかります。

ノルウェー政府年金基金が、長期的なリターンの最大化を目指しているということは、そのガバナンスからもわかります。

このファンドの最高経営責任者（ＣＥＯ）が就任してわずか9カ月後にリーマン・ショックが発生し、ファンドは10兆円もの損失を被りました。損失の多くは、ＣＥＯがつい数カ月前まで責任者を務めていた株式投資から発生していました。にもかかわらず、ＣＥＯは解任されることなく、２０１８年8月時点でも同じポジションで活躍しています。短期目線ではなく、長期目線で資産運用を行っていることが、現実の人事からも明らかです。

妻の両親も、ノルウェー政府年金基金と非常によく似た方法で、資産を運用していました。彼らの数億円の資産は、**世界中の株式や債券、不動産やコモディティ（金やプラチナ、原油など）に、とてもバランスよく分散されていた**のです。[3]

この資産配分は、金融業界の実情を垣間見ていた私からすれば、とても意外なことでした。妻の両親から相談を受けたとき、資産の10％くらいがヘッジファンドへの投資や仕組債、デリバティブなど複雑な金融商品に回っているのではないかと考えていたからです。

そうした商品はハイリスク・ハイリターンで、「高いリターンを追求したい」という顧客のニーズに手っ取り早く応えられる可能性があります。金融機関からすれば、「我々は資産運用のプロで、普通の人には機会がないヘッジファンドへの投資も組み合わせた、特別な資産運用を提案できます」というアピールになるうえ、高い手数料も期待できます。

しかし、妻の両親を成功させたのは、いたってシンプルな資産配分でした。若い頃は、採用面接に行くスーツを買うために借金をするほどだった彼らは、「長期・積立・分散」で富裕層の仲間入りをすることになりました。

「長期・積立・分散」を25年間続けたら？

「長期・積立・分散」の資産運用について、詳しく見てみましょう。

次ページ図は、1992年から25年間、「長期・積立・分散」の資産運用を行った場合のシミュレーションです。※52ページ

(3) より詳しくお伝えすると、株式、不動産、コモディティは指数連動型のETF（上場投資信託）を活用し、債券は満期の異なる10銘柄ほどで組み合わせていました。

長期・積立・分散により25年で資産は2.4倍に

「長期・積立・分散」による25年間のシミュレーション(当初1万ドル、毎月300ドル)

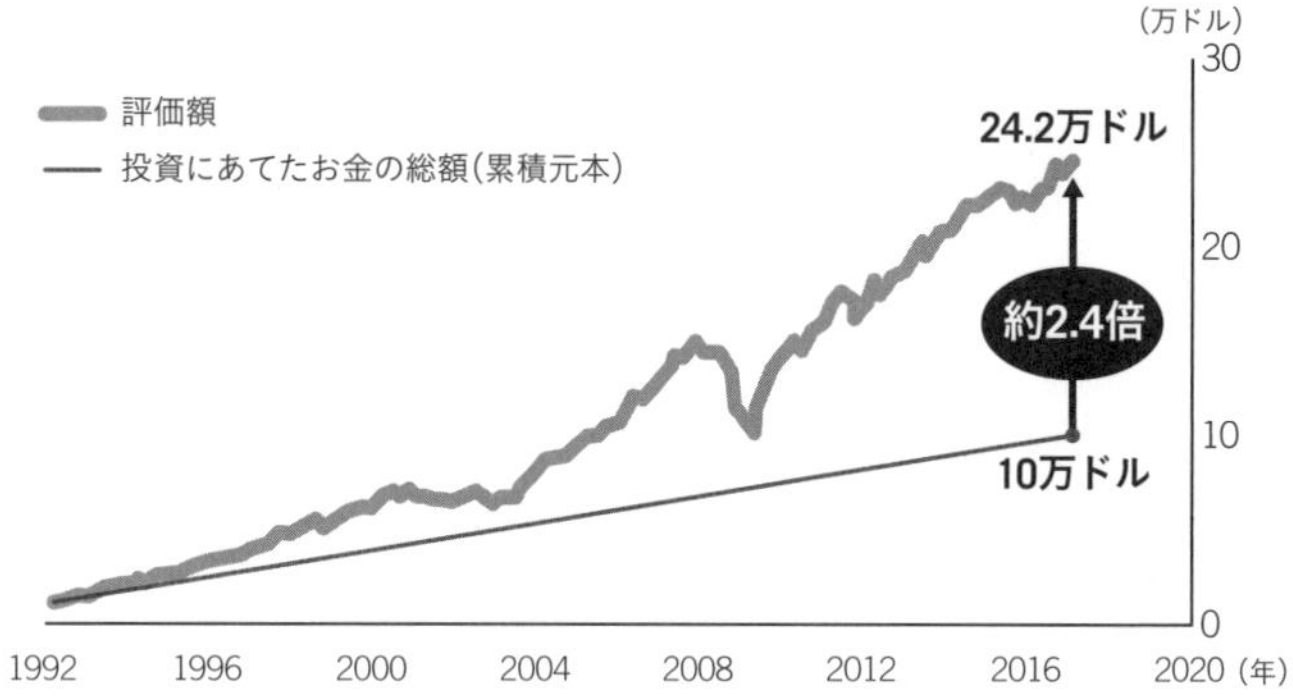

(注)2017年2月のウェルスナビの「リスク許容度3」の推奨ポートフォリオ(米国株30.6%、日欧株21.5%、新興国株5.0%、米国債券29.1%、金8.8%、不動産5.0%)で、資産のバランスが崩れないように調整(リバランス)し続けたとする。預かり資産に対し年率1%(税別)の手数料を控除。税金は考慮せず。

1992年1月に元本1万ドルでスタートし、翌月から毎月300ドルずつ積み立てながら投資していったとします。資産配分は、米国株30・6%、日欧株21・5%、新興国株5・0%、米国債券29・1%、金8・8%、不動産5・0%です[4]。株式が全体の約6割を占め、先ほど紹介したノルウェー政府年金基金とよく似た形です。

シミュレーション結果を見ると、25年間で元本がちょうど10万ドル、資産評価額は24・2万ドルになりました。「長期・積立・分散」の資産運用によって、資産が25年で約2・4倍に増え、年5・9%のリターンとなりました[5]。

25年のシミュレーションからは、資産運用をするときの3つのポイントが導き出せます。

▼ポイント1：「長期投資」は金融危機の荒波を乗り越えてきた

最初のポイントは、長期投資の重要性です。

過去25年の間には、国際的な金融危機が5回発生しました（次ページ図）。1997年にはアジア通貨危機が発生し、日本では山一證券が破綻しました。翌年にはロシアの財政危機（ルーブル危機）によって世界最大規模のヘッジファンドが破綻し、アメリカ政府が救済に乗り出す事態となりました。2000年にはドットコム・バブルが崩壊しました。2008年には、100年に一度ともいわれるリーマン・ショックが起き、2012年にはギリシャの財政危機に端を発するユーロ危機が起こりました。

(4) ロボアドバイザー「ウェルスナビ」の5段階のリスクレベルのうち、ちょうど真ん中の「リスク許容度3」のポートフォリオに相当します（2017年2月時点）。本書執筆時点（2018年8月）のポートフォリオは異なりますが、リターンなどのシミュレーション結果はほぼ同様となります。

(5) プラス142%のリターンを単純に25年で割ると年5・7%という結果になりそうです。しかし、実際には投資をスタートしたタイミングによって運用期間が異なるため、その分を補正してリターンを計算する必要があります。このように精密に計算されたリターンをIRR（Internal Rate of Return）と呼び、今回のシミュレーション結果についてIRRを計算すると年5・9%となります。

長期投資により25年で5回の金融危機を乗り越えてきた

「長期・積立・分散」による25年間のシミュレーション(当初1万ドル、毎月300ドル)

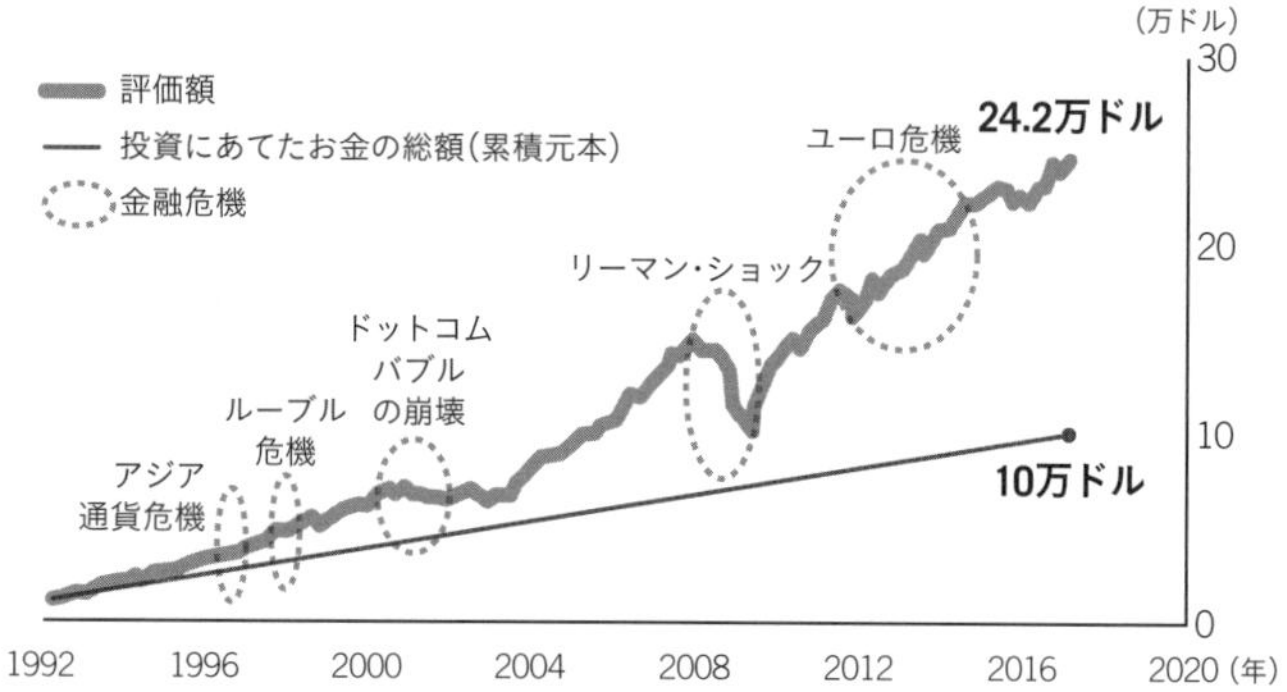

(注)2017年2月のウェルスナビの「リスク許容度3」の推奨ポートフォリオ(米国株30.6%、日欧株21.5%、新興国株5.0%、米国債券29.1%、金8.8%、不動産5.0%)で、資産のバランスが崩れないように調整(リバランス)し続けたとする。預かり資産に対し年率1%(税別)の手数料を控除。税金は考慮せず。

金融危機によって資産は一時的に減りますが、「長期・積立・分散」の資産運用を続けていけば増えていきます。**25年といわず、このシミュレーションのどの10年間を切り取っても、リターンはプラス**になります。

それは、世界経済が中長期的に成長し続けているからです。世界全体に分散投資をすると、中長期的には資産運用のリターンが世界経済の成長率を上回ります。リーマン・ショック直前という、最悪ともいえるタイミングで資産運用を始めても、長期投資に徹すればプラスのリターンを得ることができました。これが長期投資の効果です。

▼ポイント2：「分散投資」でリスクを抑えられる

次のポイントは、分散投資の重要性です。「長期・積立・分散」の資産運用でいうところの分散投資は、ひとつの国だけでなくいろいろな国に分け、また、株式や債券、不動産など、さまざまな種類の資産に分けて投資します。

分散投資が大切なのは、**さまざまな資産を組み合わせることで、リスクを減らして安定的に資産運用ができるから**です。

前図の通り25年のシミュレーションでも落ち込みの激しかったリーマン・ショックの時期の下落率は28％(6)でした。しかし、リーマン・ショックを覚えている方は、「そんな下げ幅では済まなかったはず」と感じるのではないでしょうか。

同じ期間で見ると、アメリカ株式市場の動向を表す代表的な株価指数、S＆P500は

(6) 2008年8月末〜09年2月末の半年間の下落率

42%、日本を代表する225銘柄の上場株式の平均株価である日経平均は35%下落していました。(7)

これが分散投資の効果です。**リーマン・ショック当時、株式市場は暴落していましたが、米国債や、安全資産とされる金の価格は上昇**していました。(8) 株式市場の急落が大きすぎて、米国債や金の価格が上昇しているという報道には気づかなかった方も多いかもしれません。報道に気づいたとしても、それから米国債に投資するのでは、タイミングが遅すぎてかえって高値づかみになるかもしれません。

しかし、あらかじめ異なる値動きをする資産に広く分散して投資しておけば、相場が大きく下がるときのリスクをある程度は吸収できます。資産運用では分散投資をしておくことが大切なのです。

▼ポイント3：「積立投資」は為替リスクをコントロールできる

ここまで、「長期・積立・分散」で資産運用を続けた結果を、世界の基軸通貨であるド

25年間、円高と円安を繰り返してきた

1992年からのドル円の為替レートの推移

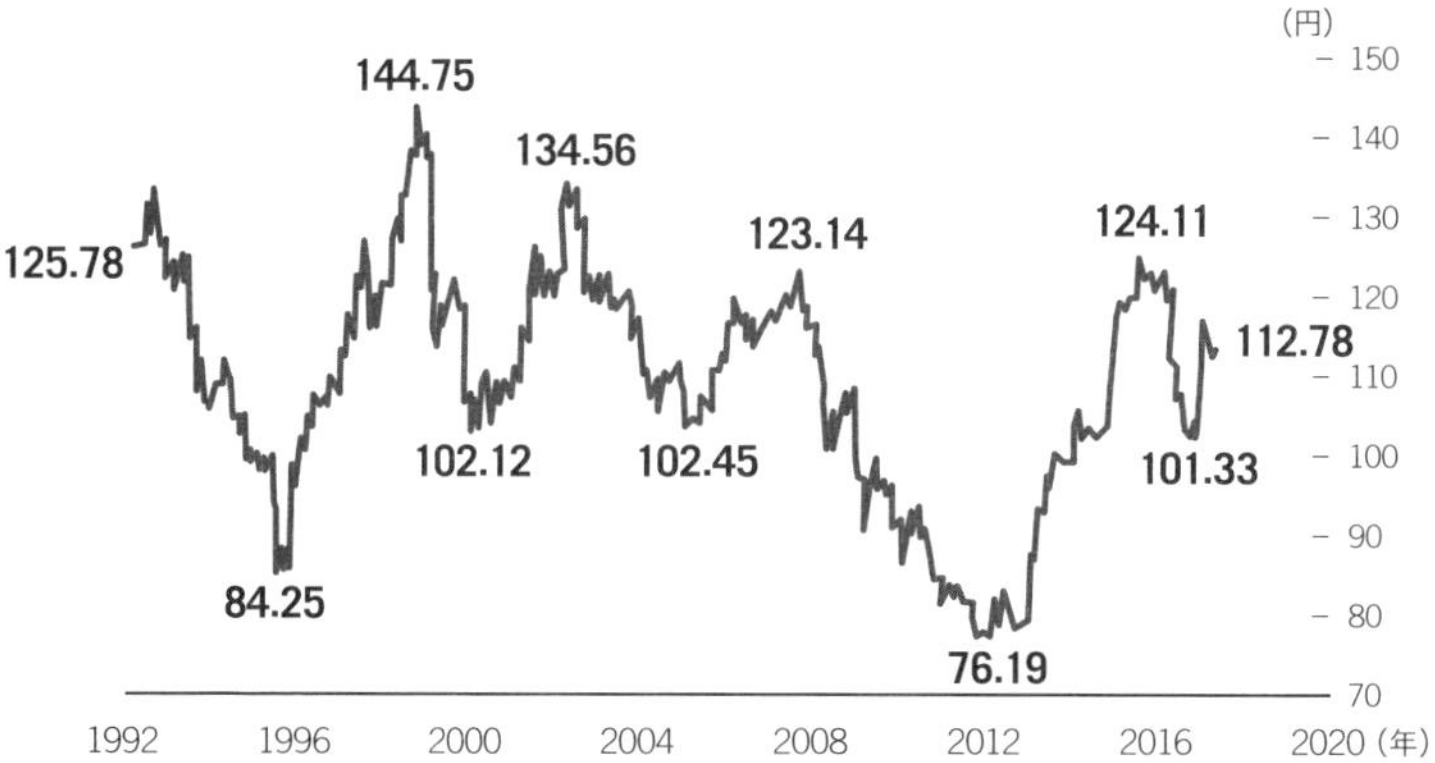

ル建てで見てきました。しかし日本人が日常生活で使う通貨は円なので、円建てでもきちんとリターンが出たのかが気になるところです。これは、「為替リスク」をコントロールできるのか、という問題です。

上図は、25年間のドル円の為替レートです。最初と最後の値に注目してみてください。1ドル125円だった為替レートは、円高と円安を繰り返しながら、25年後の2017年1月末時点では1ドル112円

(7) なお、リーマン・ショック前のピーク（2007年10月）と底値（2009年2月）で比較すると、S&P500も日経平均も約半分にまで下落しました。これに対して、分散投資をしていた25年のシミュレーションでは、下落率は34％に留まりました。

(8) 一時的に株価とともに米国債や金の価格も下がる局面もありましたが、あくまで短期的なものでした。

円建てでも25年間でやはり2.4倍に

「長期・積立・分散」による25年間のシミュレーション(当初100万円、毎月3万円)

となりました。為替だけでも約10%の損失が出たことになります。

今度は円建てでのシミュレーションを見てみましょう。上図のように、1992年1月から25年間、100万円でスタートして月々3万円ずつ積立投資を行ったとします。

投資にあてた総額である1000万円が、25年間で2457万円に増加しており、**ドル建てと同じく約2・4倍に増加**しています。年率では6・0%のリターンであり、ドル建て時の5・9%のリターンとほぼ同水準です。スタート時に投資した100万円について為替だけで約10%の損失が出ていることを考えると、これは驚くべき結果です。

その理由は、積立投資にあります。

資産運用をしていて大きく円高が進むと、円建てでは資産が目減りするため、怖くなって資産運用をやめてしまうかもしれません。まして追加投資をする気にはなかなかなれません。しかし冷静に考えると、**円高は海外の資産に割安で投資をする絶好のチャンス**です。反対に円安が進むと、円建てでの資産価値が増えているように見えるため、強気になって追加投資をしようと思うかもしれません。これでは海外の資産に割高で投資をしていることになります。

その点、積立投資をしていれば、円高のときには割安で、円安のときには割高で追加投資をします。円高で資産が目減りした局面でも、淡々と追加投資をするので、為替リスクをある程度ならしていくことができます。25年のシミュレーションが、円建てでもドル建てでもそれほど変わらないのは、積立投資の効果というわけです。

補足すると、積立投資それ自体に、分散投資のようなリスクを減らす効果があるわけではありません。しかし、「相場が上がったときに強気になって投資をし、相場が下がったときにパニックに陥って売ってしまう」という心理的に陥りがちな罠を積立投資によって避けることができるため、結果的にはリスクをうまくコントロールすることができます。

実は、25年間のシミュレーションでは、積立をせずに当初から1000万円を一括して投資したほうが、最終的なリターンは高くなります。当初の1000万円が25年間で4102万円に増えたことになります。ただ、円高や株安などで資産が一時的に大きく減るような場面で、積立をする場合に比べて資産が大きく減り、その後の回復にも時間がかかるため、長期投資を続けられないリスクが高くなります。

退職金も年金も減り、若いうちの資産運用が欠かせない

「長期・積立・分散」の資産運用は、今の日本で働く世代が真剣に考えなければならないトピックです。**日本では若い人ほど、働きながら資産運用をする必要に迫られているから**です。

退職金に頼ることは困難に

大卒で企業に就職し定年退職した場合の退職金の平均額

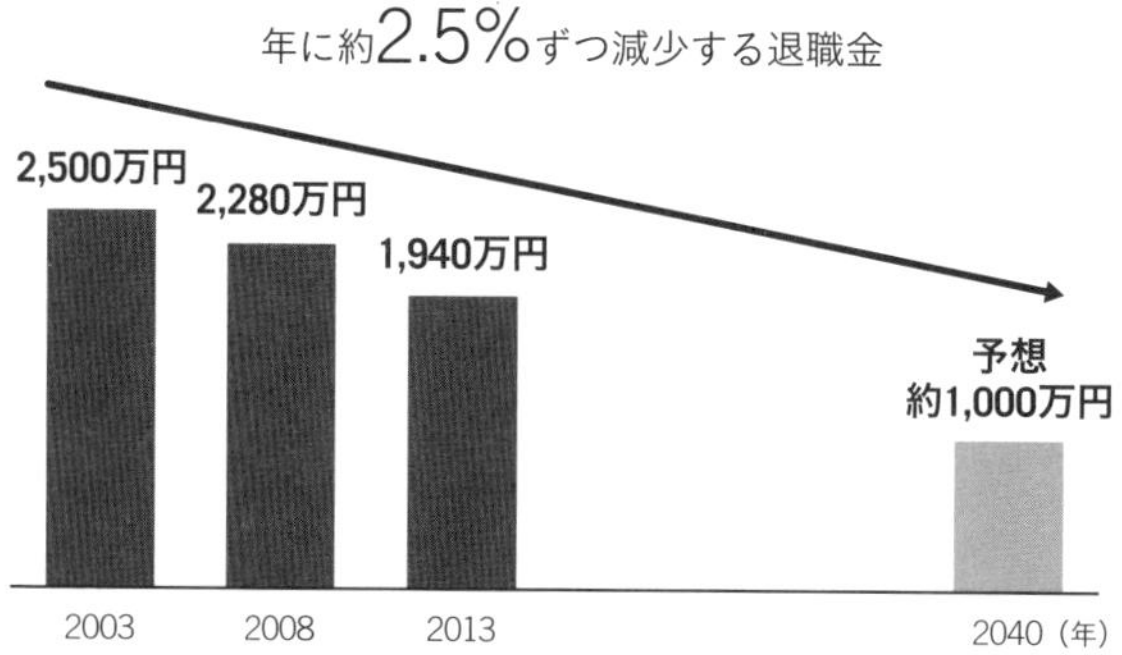

出典：厚生労働省「就労条件総合調査」（平成15・20・25年）を基に作成（平成30年4月作成）

厚生労働省の統計によると上図の通り、退職金の平均額は、年２・５％のペースで減っています。仮にこのペースが続くと、**現在35歳の人が定年を迎える25年後には、退職金の平均額は１０００万円に満たない**水準になります(9)。

これは大卒で企業に就職して定年まで働いた場合です。多くの会社では、定年前に辞めると退職金の額が大きく削減されます。転職が当たり前になった今、退職金を受け取ることはもはや「当たり前」ではありません。

(9) 厚生労働省「就労条件総合調査」（平成15・20・25年）。「勤続20年以上かつ45歳以上の定年退職者」かつ「大学卒（管理・事務・技術職）」の場合

考えるべきライフ・プランの変化

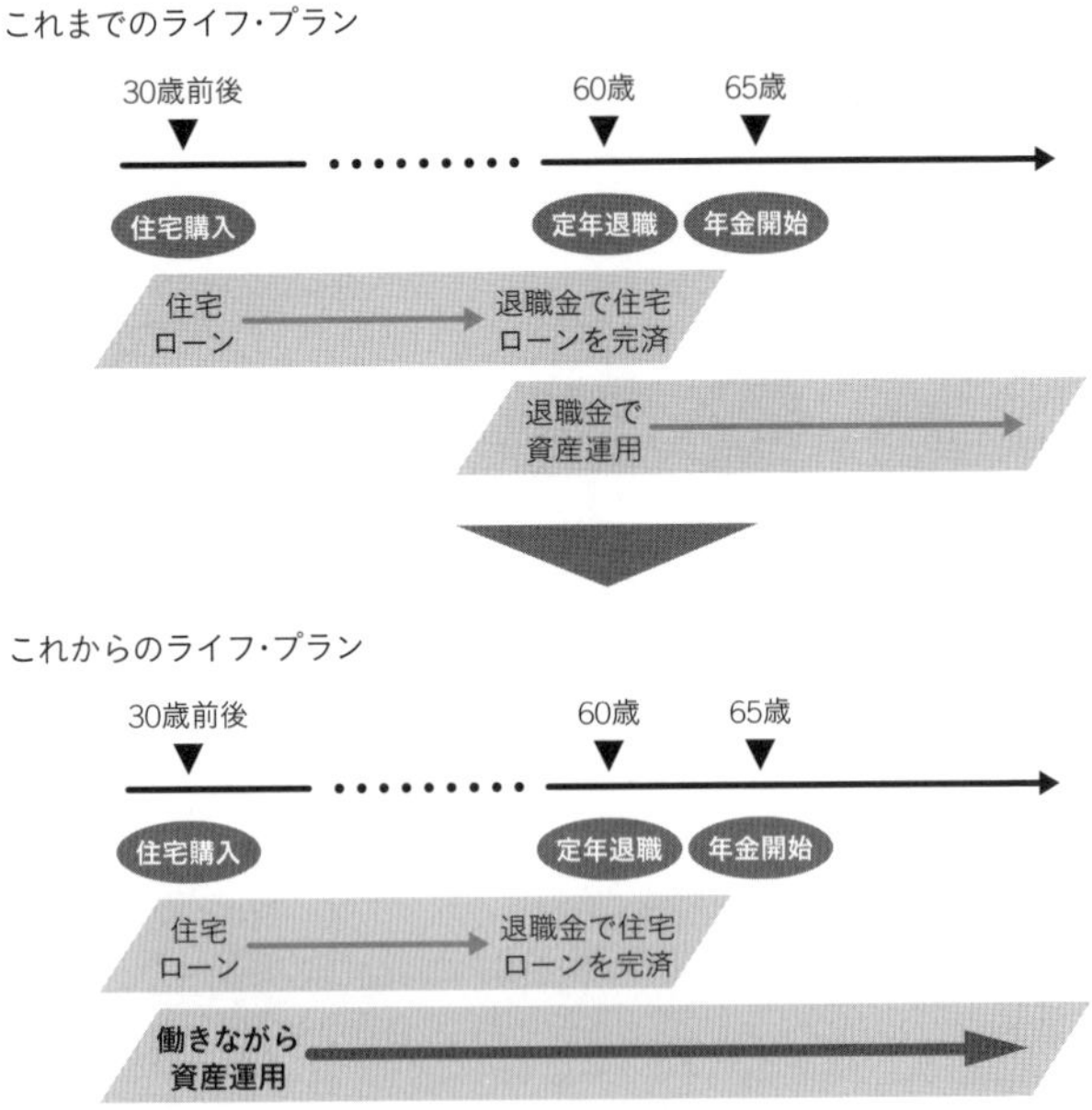

少子高齢化に歯止めがかからないため、**将来もらえる年金が減り、受給開始も65歳からさらに引き上げられる**のではないか、という不安も広がっています。

私たちより少し前の世代には、退職金や年金で、会社と国が老後の面倒を見てくれるという期待がありました。私の両親の金融資産は、アメリカにいる妻の両親と比べると10分の1ですが、経済的な不安があるわけではありません。つい最近まで、日本では資産運用をする必要がなかったわけです。

しかし今の現役世代は、終身雇用の崩壊や少子高齢化の進行によって退職金や年金だけに頼ることはできなくなっています。**安心してリタイアするためには、働きながら資産運用をすることが必要**です（前ページ図）。これは、未来の話をしているわけではなく、私たち一人ひとりがすでに直面している現実です。

「r＞g」の実践——世界経済の成長を上回るリターンを目指す

数年前に世界的なベストセラーとなったトマ・ピケティ教授の『21世紀の資本[10]』を覚えているでしょうか。『21世紀の資本』には、次のような数式が紹介されています。

「r＞g」

rは資本のリターン、gは経済成長率です。[11]「rはgより大きい」という意味の数式は、

(10) みすず書房、2014年

(11) 英語では、資本のリターンは“rate of **r**eturn on capital”、経済成長率は“rate of economic **g**rowth”となります。

投資のリターンが経済成長率を上回ることを意味します。

世界銀行や国際通貨基金（ＩＭＦ）は、世界経済が今後、年3～4％程度で成長していくと予測しています。これを前提とすれば、「長期・積立・分散」の資産運用では、世界経済の成長率を上回る4～6％のリターンを目指すことができます。

先ほど紹介した、**「1992年からの25年間のシミュレーションでは、「長期・積立・分散」による資産運用のリターンは平均で年5・9％**でした[12]。同じ25年間に、**世界経済は年平均3・7％のペースで成長**しました。**実際に「ｒ＞ｇ」となっていた**ことがわかります[13]。

資産運用で、格差社会から身を守る

「ｒ＞ｇ」となる理由は2つあります。

投資をする際にはリスクを取るので、リスクに対する見返りを得られます。経済学ではこれを「**リスク・プレミアム**」と呼びます。文字通り、リスクを取ったことによって得られる特別な見返り（プレミアム）です。そうでなければ、誰もリスクを取って投資しようとは思わないはずです。(14)

税制上の優遇も受けられます。日本をはじめ多くの先進国では、投資によって得られた利益に20％前後の税金が課せられます。一方、通常の経済活動から得られた利益には、所得税あるいは法人税が一般的に30〜60％ほど課せられます。先進国は、税制で優遇して投資を促進することで、イノベーションを起こして経済を活性化させ、雇用を増やそうとしているのです。

富裕層の多くは資産運用をしているので、資産を「r」のペースで増やせます。一握りの富裕層を除いた**一般の人は、資産運用をせずに給与と預金に頼るため、資産を「g」の**

(12) 年5・9％のリターンは資産運用にかかる費用として年1％を差し引いた後の数字です。
(13) いずれもドル建て。円建てでは、「長期・積立・分散」によるリターンは平均で年6・0％。また、「長期・積立・分散」によるリターンは、年1％の手数料を控除した後の数字となっています。
(14) もちろん、投資を1件1件、個別に見ていくと、損失が発生するケースもあります。しかし、いろいろな投資を全体としてひとまとめにして見ると、まさにこのような損失が発生するリスクを取ったことに対する見返り（プレミアム）が得られます。

ペースで増やしていくことになります。ただ「実感なき景気回復」という言葉を耳にするように、給与の伸びが経済成長率（g）を下回ることもあります。ピケティは「人類社会の本質は格差社会である」と主張しましたが、これでは格差は拡大する一方です。

20世紀において例外的に格差が縮小したのは、二度にわたる世界大戦の時期でした。戦争でヨーロッパやアジアが荒廃し、課税強化で富裕層は資産を失いました。日本でも、戦後のインフレと預金封鎖によって現金や預金の価値が失われ、農地改革によって地主と小作人の格差もなくなりました。富裕層も一般の人も横並びでの再スタートとなり、「一億総中流」と呼ばれる社会が一時的に実現しました。

しかし繰り返しますが、人類社会の本質は「r ＞ g」です。皮肉なことに、21世紀が平和の世紀となれば、人類社会は再び格差社会へと逆戻りしていくことになります。実際、**冷戦が終結した1990年を境に、世界中で再び格差が拡大**しつつあります。

ピケティは富裕層への課税を強化し、社会保障を充実させることによって、格差の拡大を防ぐべきだと主張しました。私はピケティの主張は正しいと思う一方、**少子高齢化が進**

んでいる日本での実現は難しいと考えています。

日本の個人金融資産1800兆円の実に3分の2にあたる1200兆円を、60歳以上が保有しています。ピケティの提示する解決策をそのままを日本に当てはめると、「60歳以上の人にもっと課税して、待機児童の解消など、働く世代の社会保障を強化する」ということになります。

しかし少子高齢化が進展している国で、そうした政策を通すことは難しいでしょう。財務省で働いていた当時、政策づくりの現場では、**「現役世代向けの政策」に比べて、「高齢者向けの政策」は、はるかに受けがいい**と感じていました。少子高齢化が進めば進むほど、働く世代の声は反映されにくくなります。これは日本に限った問題ではありません。

「r＞g」によって格差が拡大するのに、少子高齢化によって富裕層への課税強化は難しい。それならば、発想を逆転させてみてはどうでしょうか。

富裕層が「r」の世界に、一般の人が「g」の世界に住んでいることで格差が生まれるならば、私たち一人ひとりが率先して**「g」の世界から「r」の世界へと移っていけばよ**

いのです。**「長期・積立・分散」**の資産運用によって、**世界経済の成長率を上回るスピードで資産を増やし、格差社会から身を守っていく。**「r＞g」の平和の世紀に生きる私たちが、格差を乗り越える解はここにあります。

※36ページ図のシミュレーションの前提は以下の通りです。
- 2017年2月現在のウェルスナビのリスク許容度3の推奨ポートフォリオの比率で投資した場合の過去シミュレーション
- 米国株（VTI）30・6％、日欧株（VEA）21・5％、新興国株（VWO）5・0％、米国債券（AGG）29・1％、金（GLD）8・8％、不動産（IYR）5・0％
- 1992年1月末に初回投資1万ドル、翌月（2月）から2017年1月まで毎月末に300ドルを定額積立投資
- 毎月末にリバランス実施
- 手数料（税別年率1％）控除後
- 分配金受取時やリバランス時にかかる税金は考慮していない
- ETF（上場投資信託）の分配金は権利落ち日に再投資
- ETF設定前の期間は、当該資産クラスに対応するインデックス等のデータを利用（ETF経費率を控除）
- 米国株：Wilshire 5000、日欧株：MSCI EAFE Index、新興国株：MSCI Emerging Markets Index、米国債券：Bloomberg Barclays US Aggregate Bond Index、金：LBMA Gold Price、不動産：Dow Jones U.S. Real Estate Index
- Thomson Reuters Datastreamのデータに基づき算出

第3章
日本の資産運用はガラパゴス化している

金融の専門家もエリートも日本人は預金頼み

「長期・積立・分散」の資産運用こそが、格差社会を乗り越える最適解です。しかし残念なことに、日本にはまったく根づいていません。なぜでしょうか。

実際、金融業界との関わりが深い財務省やマッキンゼー時代の同僚に、資産運用をしているか尋ねると、「銀行預金に置きっぱなしになっている」「どうしようか悩んでいる」とよく相談されます。中には、「実は複数の銀行の預金に1000万円ずつ入っている。銀行に万一のことがあっても1000万円までは国に保護されるから」と打ち明けてくれた人もいました。

つまり、日本で「長期・積立・分散」の**資産運用が普及していないのは、一般の人に限った話ではありません。日本では、金融の専門家ですら自分の資産は預金中心**です。

金融機関や大企業、法律事務所などで中堅幹部になっている友人たちも、「実は金融資

日本の個人金融資産1800兆円の半分以上が預貯金に偏っている

主要国における個人金融資産の内訳

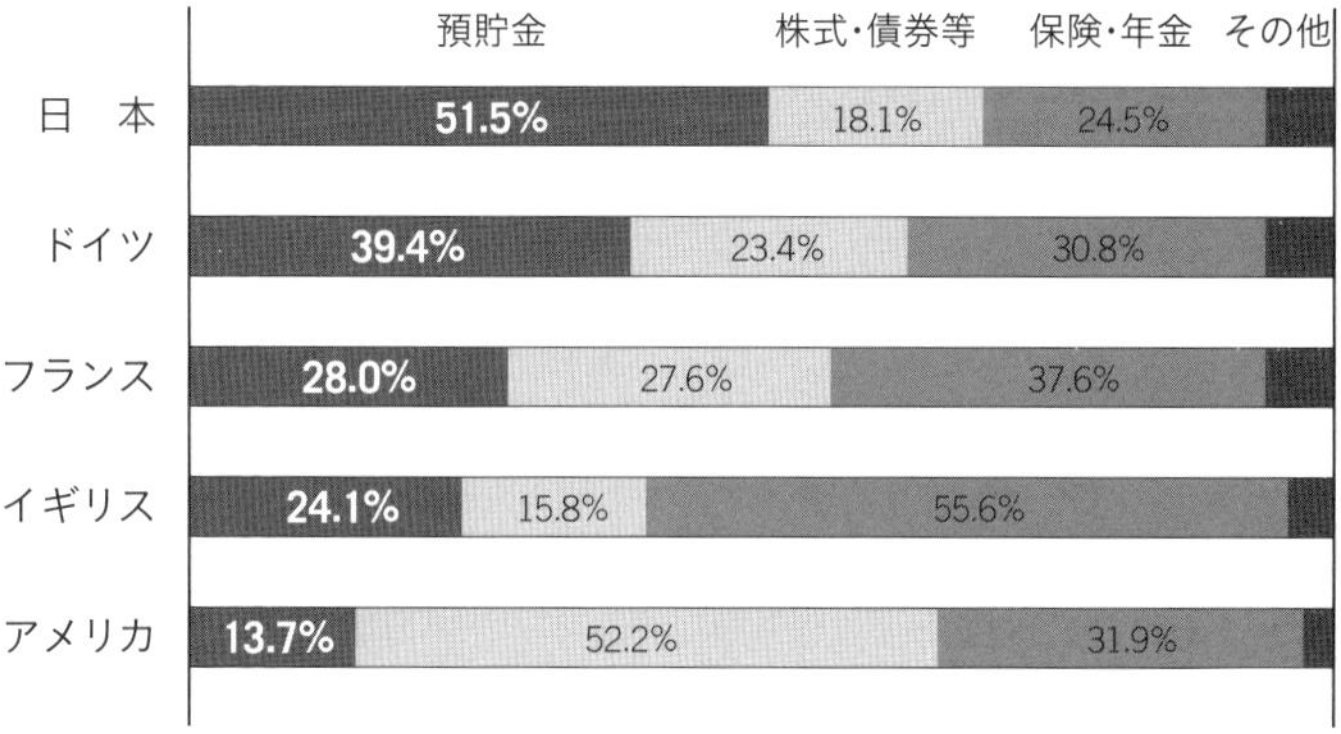

出典：OECDデータを基に作成（2018年5月時点）

産はほとんど預金で、どうしたらよいか困っている」と口をそろえます。**日本では、金融機関で働いていても、大学で教育を受けていても、正しい資産運用の方法を知らない人がほとんど**です。

この日本人の預金好きはよく知られています。上図のように、**日本人の１８００兆円の金融資産のうち、実に５１・５%が預貯金**であり、欧米と比べて圧倒的に預貯金に集中しています。

預貯金の割合を国別に見ると、アメリカは13・7%、イギリスは24・1%、フランスは28・0%であり、日本と同じく堅実な国民性で知られるドイツでも39・4%に過ぎません。[1] アメリカやイギリス、フランスでは、個人の金融資産は預貯金だけでなく、株式や債券、投資信託、保険や年金などにバランスよく分散されています。先進国では日本の金融資産だけが、極端に預貯金に偏っています。

これだけの差がついたのは、**「老後の資金をどうやって用意するか」が国によって全然違う**からです。

日本はひと昔前まで、終身雇用が前提の国でした。老後の生活は年金や退職金でまかなうことができました。わざわざ資産運用をする必要がなく、給与はいつでも引き出せて便利で安全な預金に委ねておけば十分でした。

アメリカの場合、そもそも終身雇用という概念がほとんどありません。社会保障も日本ほど充実していないので、老後の生活資金はみずから用意しておく必要があります。自然と、毎月の給与を資産運用に回すようになりました。

日本とアメリカの中間が、ヨーロッパです。終身雇用を前提としてきた日本とは違って、企業の退職金は期待できないものの、年金や医療といった社会保障が充実しています。主要国の預金の割合は24・1〜39・4％と、日本（51・5％）とアメリカ（13・7％）の中

働く世代の一定数は1000万円以上の金融資産を保有している

年代別、世帯別の金融資産

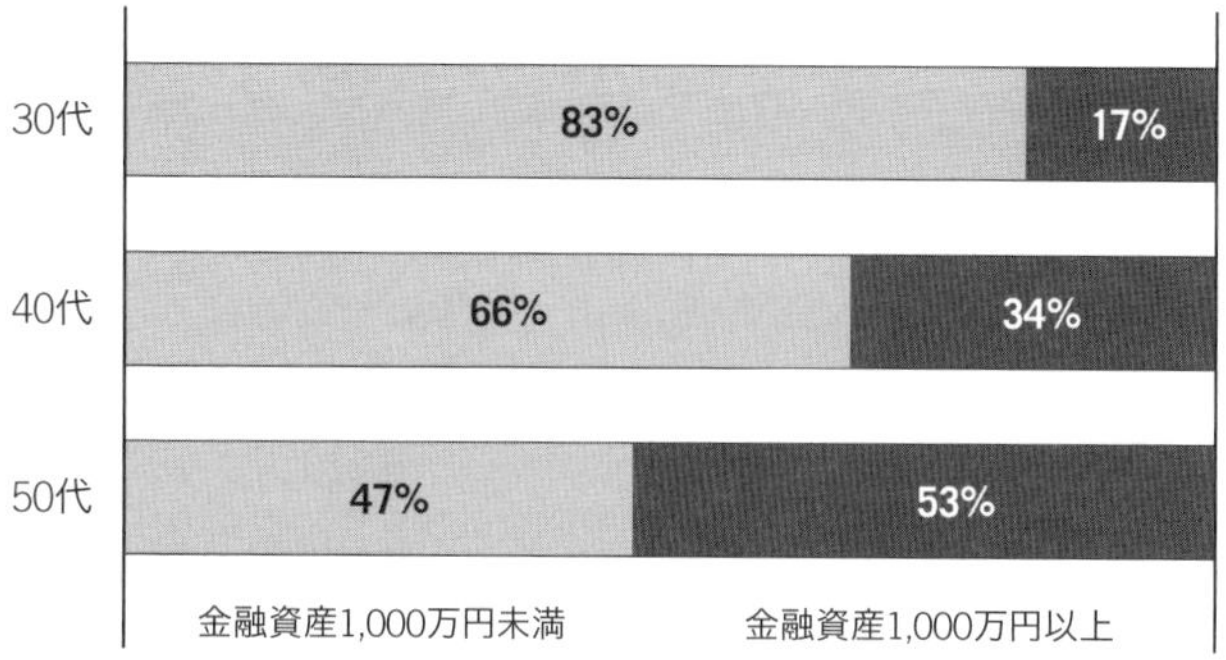

出典：総務省「家計調査（2018年5月）」を基に作成

間です。

日本では、第2章で触れた通り、国と企業が老後の面倒を見てくれるという期待が薄くなりつつあります。

こうした背景もあってか、将来に備えてお金をできるだけ貯めようという人が増えています。

総務省のデータ（上図）では30代の世帯の17%、40代の世帯の34%、50代の世帯の53%が1000万円以上の金融資産をもっています（一方で、「失われた20年」のせいで平均賃金の水準が下がり、金融資産がまったくない世帯も増えています。こうした二極化は日本社会

（1）OECD, Household financial assets（2018年5月時点）

が抱えるまた別の課題です）。

将来に備えて蓄えている金融資産も、預金で成功できた過去の経験則をもとに、ほとんどが預金口座に眠ったままなのです。

「長期・積立・分散」は日本ではうまくいかなかった

「長期・積立・分散が大切というのは理論上の話であって、日経平均で長期投資をしてもリターンはマイナスだったのではないでしょうか」

セミナーなどで「長期・積立・分散」が資産運用の王道だと話すと、よくこういったコメントをもらうことがあります。無理もありません。日本に限っては、事実その通りだったのです。

これまでの日本では、預金が〝正解〟でした。海外に投資せずに**日本国内だけで「長期・積立・分散」の資産運用をしても、海外の富裕層のように成功体験を積むことは難しかった**からです。日本経済の置かれた環境を振り返ってみると、その構造的な理由が見えてき

日経平均は25年前より低い時期が続いてきた

1992年から25年間の日経平均の推移

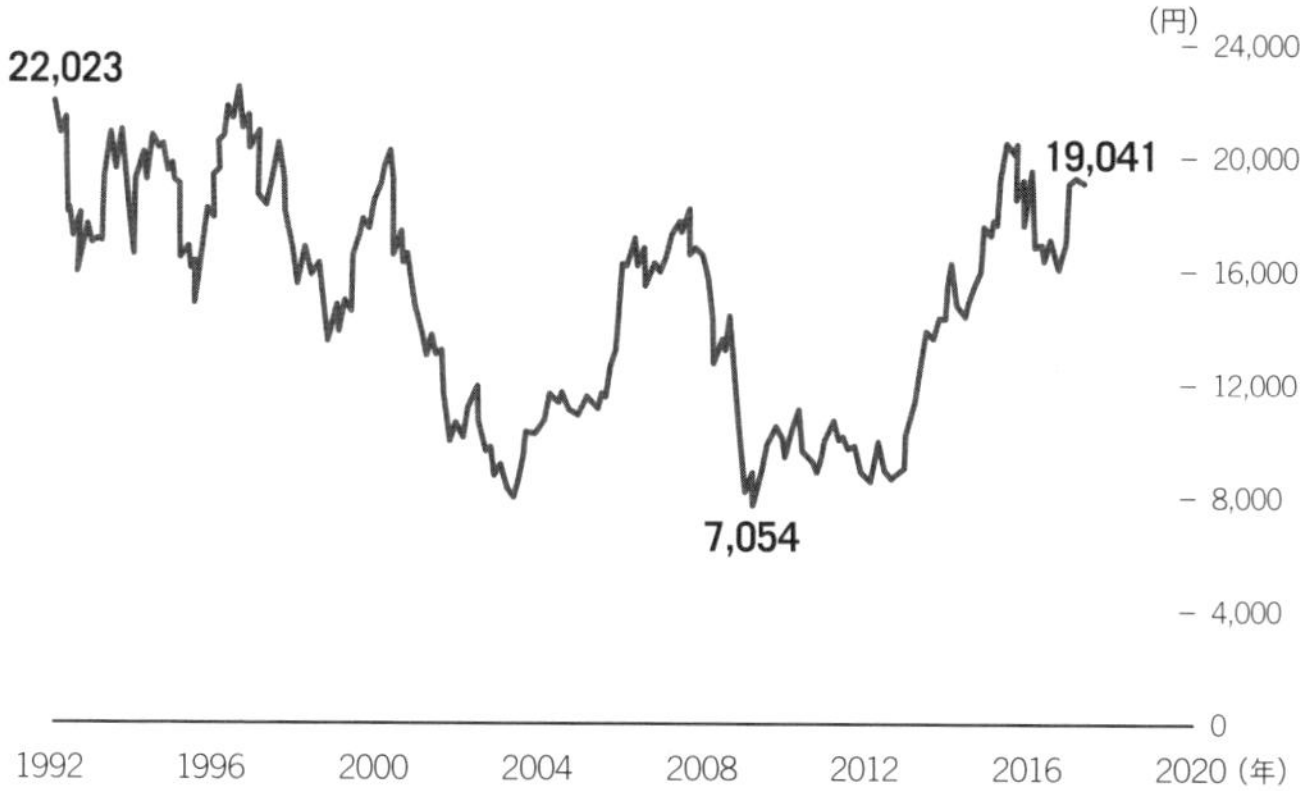

ます。

上図は、1992年から25年間の日経平均の動きを示しています。日経平均は、バブル崩壊後の1992年1月末の時点で約2万2000円でしたが、その後25年経った2017年1月末でも約1万9000円であり、スタート時の水準よりむしろ低くなっています[2]。

日経平均の過去最高値は、1989年12月29日の3万8957円であり、これが日本の

(2) 株式には配当があるので、仮に株価がまったく上がらなかったとしても配当分のリターンがあります。しかし、実際には、株式投資には手数料もかかるため、配当と手数料の両方を加味すると、25年間のリターンはゼロに近くなります(なお、1年後の2018年1月末で、日経平均は約2万3000円であり、1992年1月の日経平均を4・8%上回りました)。

バブル経済のピークでした。従って、1992年1月末から日経平均に長期投資をするというアプローチは、当時としては決して高値づかみではなく、むしろピークから43%も下落した後の底値からのスタートという感覚だったはずです。

しかし、1992年に日経平均に投資しそのまま置いておいた場合、**25年間の資産運用の期間中、ほぼ全期間にわたって、元本割れ**を起こしたことになります。特にリーマン・ショック直後の2009年3月には7054円と、元本の3分の1以下まで下落していたます。日経平均を通じて**日本株に分散投資を行っても、リスクに見合うだけのリターンを得ることはできなかった**のです。

それでは、積立投資することで、値下がりしたときに割安で追加投資をしていれば、ある程度リスクを抑えられたのでしょうか。

次ページ図は、1992年からの25年間、日本株に対して当初100万円、毎月3万円の積立投資を行った場合のリターンを示しています。前章で紹介した「長期・積立・分散」の25年間のシミュレーションの「分散」の範囲を、日本に限定して行ったものです。

日本に分散投資をしても半分の期間は元本割れ

1992年から25年間、日本株（東証株価指数、TOPIX）に
「長期・積立・分散」投資をした場合のシミュレーション
（当初100万円、毎月3万円）

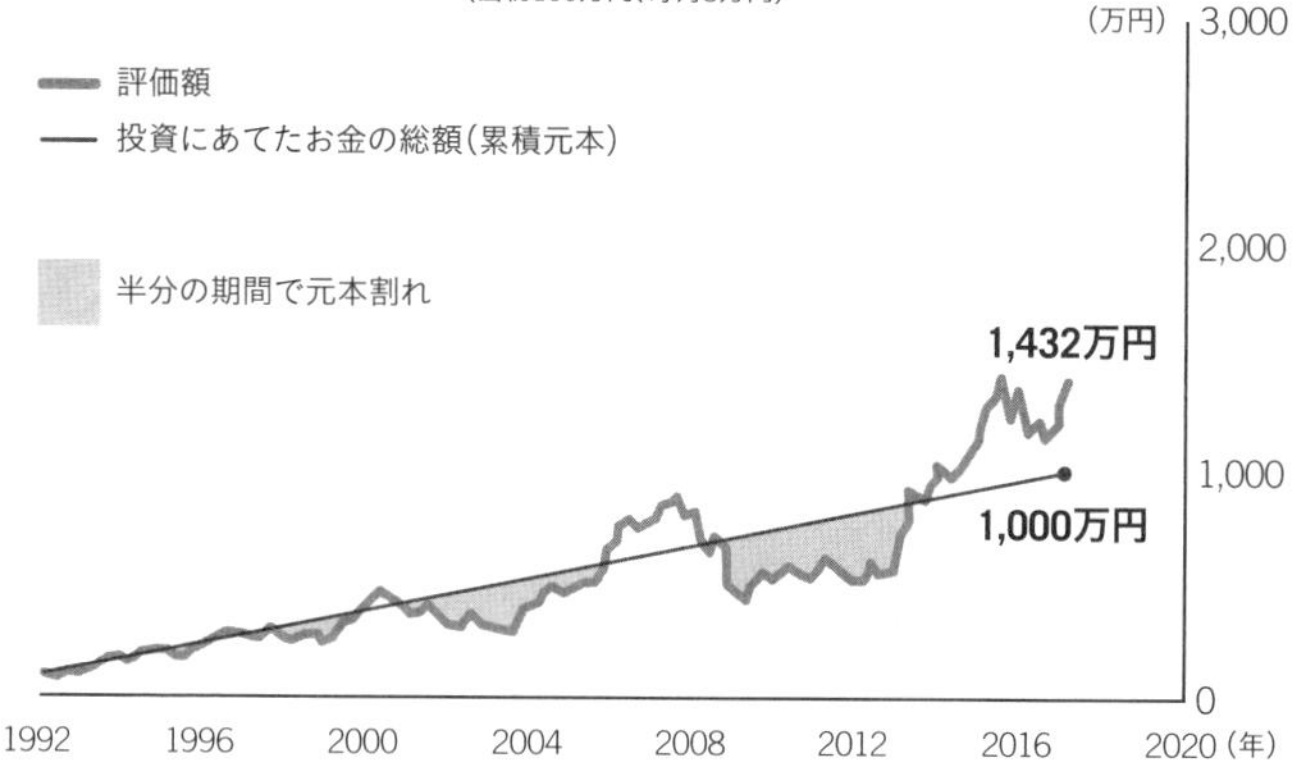

東証株価指数（TOPIX）に投資したと仮定し、手数料として年間0.5%を控除
（世界全体を対象とした場合と比べて低コストで投資が可能であるため、費用は半分の年間0.5%とした）。
税金は考慮していない。

25年で投資にあてた総額（累積元本）はちょうど１０００万円になり、それに対する資産評価額は１４３２万円と、元本の１・４倍に増えました。元本割れを起こしている期間は、先ほど日経平均の動きで見た期間の半分程度です。積立投資によってリスクがある程度抑えられたことがわかります。

しかし、**25年運用して半分以上の期間が元本割れでは、安心して資産運用を続けることは難しい**のではないでしょうか。

同じ期間、郵便局の定額貯金で運用

していたらどうなったでしょうか。１９９2年から当初１００万円、毎月3万円の積立貯金をし続けたとすると、特にスタート当初に貯金の利息が高かったため、総額１０００万円の元本が１１３５万円に増えました[3]。日本株に積立投資をした場合よりリターンは劣りますが、元本保証されていることも考えると、はるかに合理的な資産運用だったといえます。

「失われた20年」で日本だけがつまずいた

なぜ日本株で「長期・積立・分散」の資産をしても、リスクに見合うリターンが得られなかったのでしょうか。それは、日本の「失われた20年」が原因です。

「失われた20年」が日本経済に与えた影響を見てみましょう。１９９2年に3・9兆ドルだった日本のＧＤＰ（国内総生産）は、25年後の２０１7年時点で4・8兆ドルにしか増えていません。平均すると年０・９％の伸びです[4]。

日本の「失われた20年」で世界経済は約3倍に成長

1992年から25年間のGDPの推移（ドルベース）

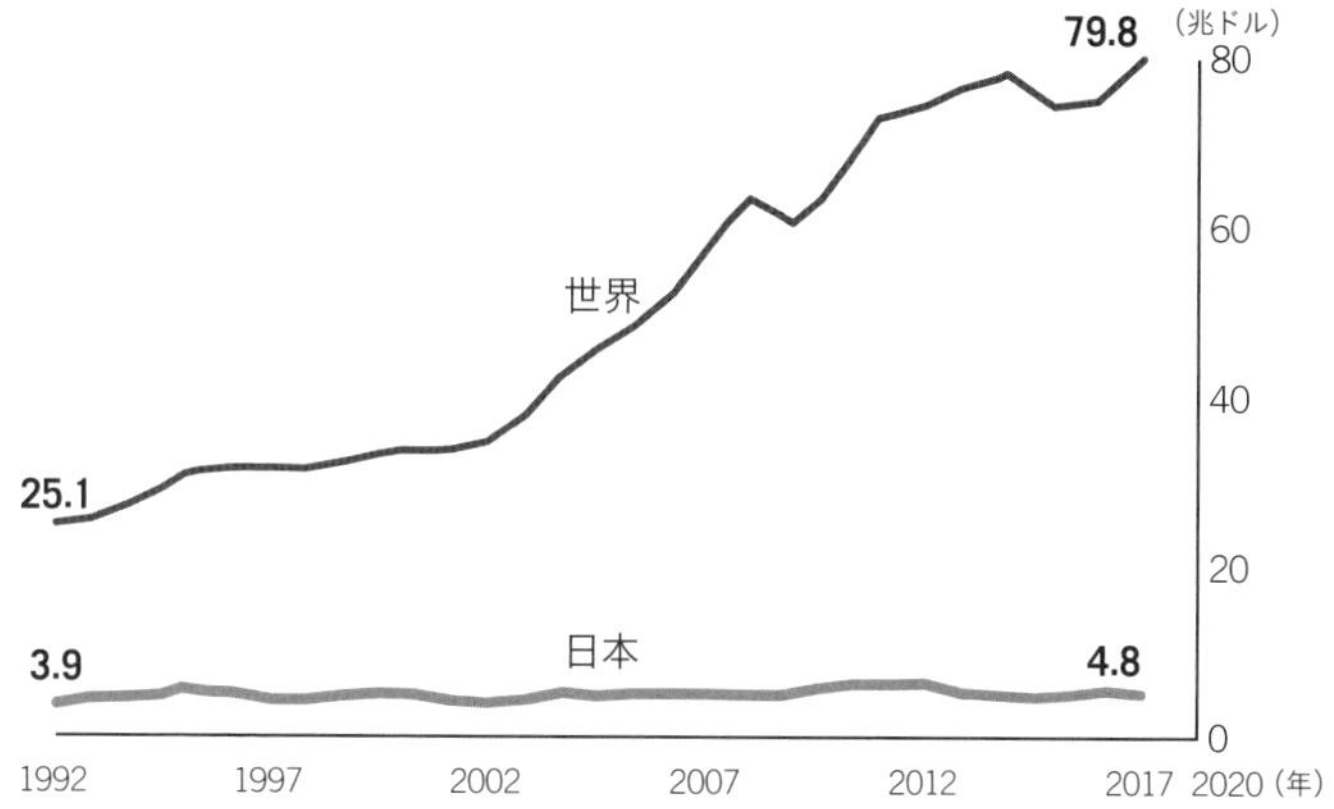

出典：IMFデータを基に作成

経済がほとんど成長しないことが当たり前になった日本では気づきにくいのですが、世界経済は1992年からの25年間で、25・1兆ドルから79・8兆ドルへと約3倍に成長していました（上図）。平均して年4・7％の伸びであり、ほとんど成長しなかった日本経済とは対照的です。[5] 日本が「失われた20年」に苦しんでいる間、世界にはそれとはまったく異なる光景が広がっていたのです。

「r＞g」の数式に照らせば、**投資のリ**

（3）ゆうちょ銀行のWebサイトに掲載の情報を用いて算出
（4）IMF, World Economic Outlook Database, April 2018
（5）物価変動の影響を考慮したときの世界経済の実質成長率は年3・7％

ターン（r）は経済成長率（g）を上回るはずですが、はたしてどうでしょうか。

前章でも見た通り、1992年からの25年間、世界全体を対象として「長期・積立・分散」の資産運用を行うと、平均してドル建てで年5・9%、円建てで年6・0%のリターンとなりました。投資のリターン（r）は世界経済の成長率（g）より高く、まさに「r＞g」となっています。

1992年時点で、日本ではなく世界全体に対して「長期・積立・分散」の資産運用を行っていれば、大きな恩恵が受けられました（次ページ図）。

ただし、1992年当時は、「分散投資」という概念すら最先端でした。分散といっても日本国内への分散を考えるのが自然で、**世界全体に分散して投資をするという発想はほとんどの人にとってなじみがなかった**でしょう。

これは決して日本に限った話ではありません。世界経済のグローバル化が始まったのは、冷戦終結後の1990年代でした。マーストリヒト条約によりEUが発足したのが

日本だけに投資するか、世界全体に投資するかで大きな差

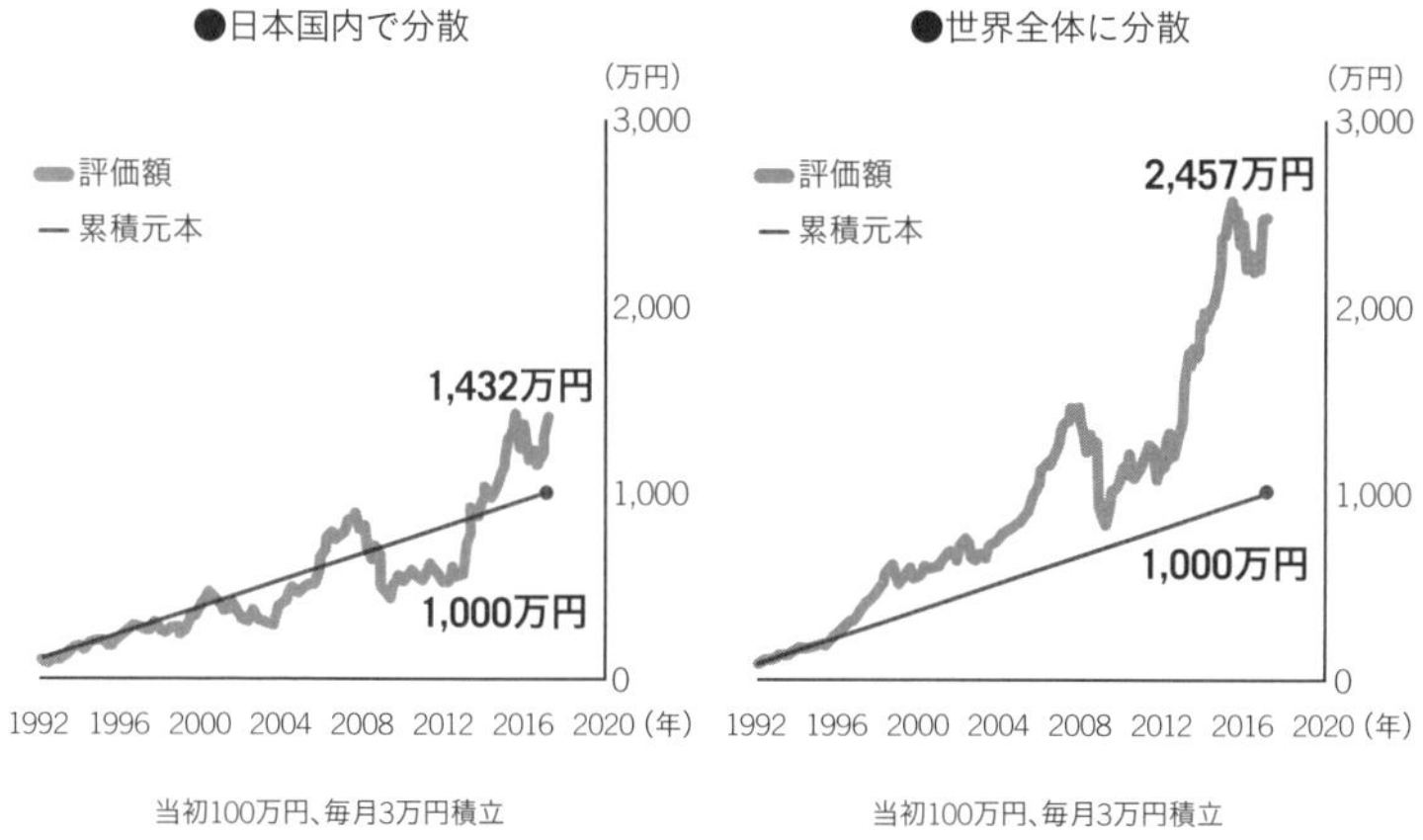

１９９３年11月、北米自由貿易協定（ＮＡＦＴＡ）が成立したのが１９９４年１月、マラケシュ協定によって世界貿易機関（ＷＴＯ）が発足したのが翌１９９５年１月のことです。

中国がＷＴＯに加盟し、世界経済の正式なメンバーとして認知されたのは、２００１年12月、欧州の共通通貨ユーロの貨幣が導入されたのが翌月の２００２年１月であり、いずれも21世紀に入ってからです。**世界経済のグローバル化とともに、世界全体に分散して投資するという考え方が徐々に広がっていきました。**

アメリカ人の資産運用は、米国内での

「長期・積立・分散」からスタートし、やがて世界全体へと投資対象を広げていきました。ヨーロッパの人々の資産運用も、国内での「長期・積立・分散」からスタートし、やがて投資対象をＥＵや米国、日本、新興国へと広げていきました。

そうした流れの中、たとえば「ＢＲＩＣｓ」という言葉も、新興国への投資を促進する目的で生み出されました。資産の一部を新興国など自国の外へ投資することが、個人投資家の間でも当たり前になっていきました(6)。

自然にいけば、日本も同じような道のりを歩んだはずです。しかし実際には、日本国内での「長期・積立・分散」からスタートし、徐々に世界全体へと投資対象を広げていくという流れにはなりませんでした。世界の中で**日本だけが「失われた20年」を経験し、そのせいで最初のステップである、国内での「長期・積立・分散」に挫折した**からです。

ガラパゴス化は必然だった

「長期・積立・分散」の資産運用を理解し、実践している人が日本には多くない、ということを示すデータがあります。

分散投資に欠かせない投資信託の残高は73兆円（２０１８年3月末）と、個人金融資産全体のわずか４％です。その投資信託にしても、あるテーマに集中投資する「テーマ投信」が中心です。さらに、**投資信託をもっている期間の平均はわずか２・７年**（２０１７年）であり、10年、20年と長期的に運用されることは例外的です。[7]

(6) 中国のWTO加盟に先立つ2001年11月に発表されたゴールドマン・サックスのレポートで最初に用いられた言葉で、世界経済の牽引役としてのブラジル、ロシア、インド、中国を指し、後には南アフリカも含まれるようになりました。
https://www.goldmansachs.com/our-thinking/archive/building-better.html

(7) 投資信託協会の統計データから分析。平均保有年数は、公募株式投信の純資産残高（平残）を年間の解約・償還額で除して計算されます。なお、公社債投信まで含めて計算すると、平均保有年数はさらに短くなりますが、株式投信だけで計算されることが一般的です。

ユニークと言うべきか、日本の場合、ここにFX（外国為替証拠金取引[8]）と仮想通貨が加わります。

日本のFX取引は2015年度に5000兆円を突破したといわれています。為替取引の実需である2015年の日本の輸出入額（154兆円[9]）の30倍以上に肥大化しています。

欧米では、為替取引は投資銀行や機関投資家のトレーダーが行うものとされており、個人投資家が行うケースは稀です。日本のFX投資家は、一人ひとりの取引額は少額でも数のパワーで全体の取引額が大きく、為替相場に影響を与えることもあります。海外メディアは日本のFX投資家をまとめて「**ミセス・ワタナベ**」と呼び、その動向に注目していますす。残念なことにそのほとんどがプロの機関投資家の格好の餌食になりますが、ごく一部が成功して億単位の資産を築きます。そしてメディアが成功した投資家を取り上げ、また新たなFX投資家を生みます。

FXに代わる商品として登場したのが、昨今話題になっている仮想通貨です。億単位の富を築いた「億り人」が時の人となり、2016年度に3・5兆円だった日本の仮想通貨取引は、2017年度には69・1兆円へと約20倍に急拡大しました。世界のビットコイン取引の約6割を、日本の個人投資家が占めているともいわれています[10]。

仮想通貨の本来の魅力は、ブロックチェーン（分散型台帳）による技術革新です。普通、仮想通貨を用いた取引はブロックチェーン上に記録されます。しかし、**日本では取引の8割以上が仮想通貨から派生したデリバティブ取引**であり、ブロックチェーンとは直接関係ありません[11]。値動きの激しい金融商品として、円やドルなどの通貨の**FX取引の代わりに、ビットコインなど仮想通貨のFX取引が活発に行われている**わけです。

（8）FXは、ドルやユーロなどの為替レートの変動などから利益を得ることを狙う金融商品です。
（9）財務省貿易統計
（10）2018年4月10日に金融庁が開催した「仮想通貨交換業等に関する研究会」において、一般社団法人 日本仮想通貨交換業協会が提出した資料。現物取引と証拠金・信用・先物取引の合計。https://www.fsa.go.jp/news/30/singi/20180410.html
（11）同研究会に提出された資料によれば、2017年度の日本の仮想通貨取引額の69・1兆円の81・6%にあたる56・4兆円が、仮想通貨それ自体の取引ではなく、仮想通貨の値動きを的中させることで利益を得るデリバティブ取引となっています。デリバティブ取引では、値動きが的中すれば利益が得られ、外せば損失が出る結果となり、いずれの場合もブロックチェーンによる仮想通貨の決済は行なわれません。

日本はお互いの富を奪い合うゲームへ突入

「長期・積立・分散」の資産運用は、経済成長によって増えたパイを投資した皆で分け合います。リターンの源泉は「r＞g」だからです。

しかし「失われた20年」で分け合えるパイがなかった日本では、**投資家はお互いの富を奪い合うゲームに参加**せざるを得ませんでした。そこには必ず、勝者と敗者が存在します。

日経平均が長期的に上がらなかった日本では、「日経平均が安いときに買い、高いときに売る」という方針で株式投資をしてきた個人投資家がたくさんいました。日経平均は59ページ図の通り、大きな振れ幅があり、値動きが大きいほど、成功したときのリターンも大きくなりました。この方針でいけば、日経平均よりも個別株やテーマ投信に投資したほうが、値動きが大きく魅力的になります。もちろん短期投資です。

こうした取引の裏側では、何が起きているのでしょうか。

ある株を安く買って短期間保有し、高くなったタイミングで売って利益を得たとします。日経平均が長期的に見ても上がらなかったという前提に立てば、取引の相手方は、高く買って安く売り、損をすることになったはずです。経済学ではこれを、「**ゼロサム・ゲーム**」と呼びます。利益を得た人と、損をした人がいて、全体としてのリターンはゼロだからです。まさにお互いの富を奪い合うゲームです。

お互いの富を奪い合うゲームは熾烈で、神経をすり減らします。どうせ参加するなら、勝ったときの取り分が大きければ大きいほうがよい、と考える人が増えます。**勝ったときのリターンを大きくするには、値動きがなるべく大きい投資対象を選ぶ**必要があります。個別株やテーマ投信でも物足りなくなった投資家の前に登場したのが、より値動きが大きいＦＸであり仮想通貨だったというわけです。

お互いの富を奪い合うゲームは、ごく一部の人たちに圧倒的な富をもたらします。一方、大多数の投資家は損を出して撤退します。**一人の「億り人」を生み出すためには、単純に**

計算すると、10万円の損失を出す人が1000人必要です。多額の借金だけが残るケースもあります。こうした目に遭った人の体験を耳にすれば、「投資は怖い」と感じるのはもっともなことでした。

日本の資産運用は新たなステージへ

私たち日本人に「投資が怖い」という感覚をもたらしたのは、お互いの富を奪い合うゲームとしての投資でした。勝つか負けるかの投資が怖いのは当然です。しかし幸いなことに、お互いの富を奪い合うゲームは、本来あるべき資産運用の姿ではありません。

世界がグローバル化した今、日本でも世界を対象とした「長期・積立・分散」の資産運用ができるようになりました。**富を奪い合うのではなく、世界経済の成長がもたらすパイを分け合う資産運用なら、投資した人が皆、豊かになる**こともできます。

これまでの日本では、年金や退職金で老後に備えることができました。しかし、年金や退職金への不安が高まる中、働きながら資産運用をすることが求められています。ある日突然変わったわけではありません。終身雇用が崩れ始め、少子高齢化が進むうちに、いつの間にかそうなっていたのです。

日本人がこれから実践すべき資産運用は、テーマ投信やFX、仮想通貨のようにお互いの富を奪い合うゲームではなく、海外の機関投資家や富裕層の間でスタンダードな「長期・積立・分散」の資産運用です。

お互いの富を奪い合う投資から、世界経済の成長を分け合う資産運用へ――。日本人の資産運用は今、新たなステージへと移行しようとしています。

投資も料理のように「メイン」「サイド」で組み立てる

それでは、個別の株式やテーマ投資などはやるべきではない、やってはいけない、ということなのでしょうか。

決してそのようなことはありません。**興味があるなら、いろいろなタイプの投資をやってみるのがいい**と思います。

ある企業の将来性を感じて株式投資をしたいという人もいれば、世界の中でも特定の国への投資を多めにしたい人もいるでしょう。人工知能やライフサイエンスなど、特定の投資テーマに興味をもつ人もいるかもしれません。金融や経済について勉強することを目的として、先端的な投資に挑戦する人もいるかもしれません。

その際、資産運用を成功させるために守るべき重要なルールがあります。それは、**「長期・積立・分散」の資産運用を、7割以上に保つ**ということです。

次ページ図は、あるべき資産運用のひとつの形です。これを「コア・サテライト運用」と呼びます。「コア」となるのは「長期・積立・分散」で、「コア」を取り囲む「サテライト」、つまり衛星のような存在が個別株やテーマ投信による短期投資です。

比率は、コアを7割以上とし、**サテライトを3割以下**に抑えます。「サテライト」の投資はたいてい値動きが大きく、安く買って高く売るための最適なタイミングを見逃さないよ

あるべき資産運用の全体像—コア・サテライト運用

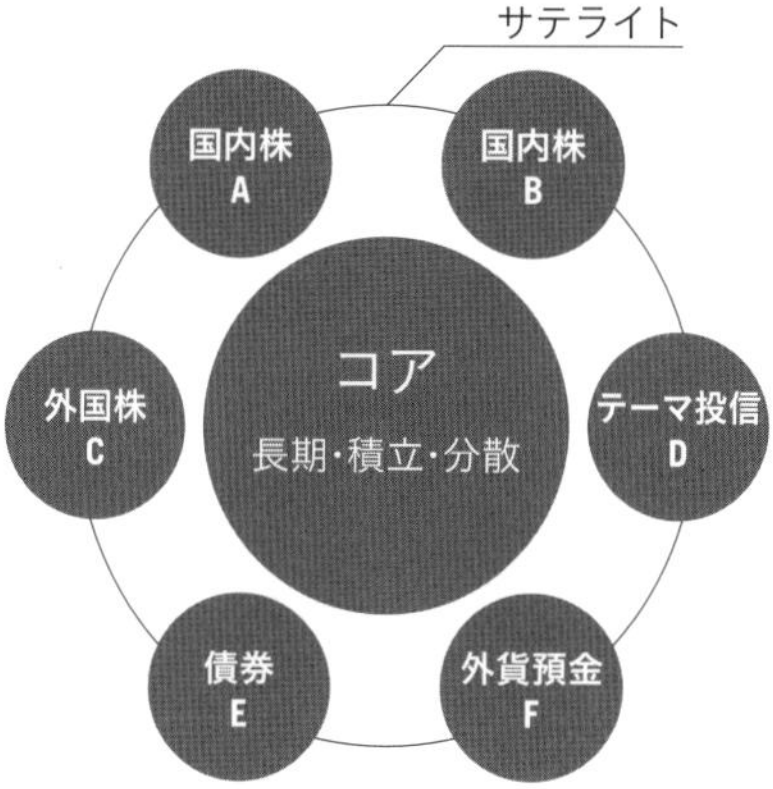

うにする必要があるからです。なお、**忙しい人は無理に「サテライト」に資産を回す必要はなく、「コア」だけでも問題ありません。**実際、プライベート・バンクに資産運用を任せている私の妻の両親の資産は、ほとんど「コア」だけです。

海外の機関投資家や富裕層の多くが、この「コア・サテライト運用」の方針にのっとって資産を運用しています。私たちに近い存在でいえば、日本政府の年金基金（年金積立金管理運用独立行政法人：GPIF）も、15年ほど前に「コア・サテライト運用」へと方針転換しました。[12] GPIFは、2002年3月時点ではコアと

（12）年金積立金管理運用独立行政法人「平成29年度業務概況書」82ページ。資料における「パッシブ」と「アクティブ」を、本書ではそれぞれ「コア」「サテライト」として説明しています。

サテライトの比率がほぼ50：50でしたが、2年かけて、コアとサテライトの比率を75：25に変えました。その後、全体に占めるコアの割合は75〜85％の間でほぼ推移し、2018年3月時点でもコアとサテライトの比率は76：24です。

コアとサテライトは、料理でいうところの**メインディッシュとサイドディッシュのようなもので、バランスが大事**です。ところが、ガラパゴス化した日本の資産運用はサイドディッシュが中心で、メインディッシュの量と逆転してしまっています。さらに、FXや仮想通貨のような〝スパイス〟が大量にかかっています。刺激は強いものの、毎日食べ続けられるものではありません。(13)

メインディッシュとサイドディッシュのどちらであるかを意識しながら金融商品を選び、投資する金額のバランスをうまく整える。それだけでも、**資産運用のリスクを下げつつ、長期的なリターンを向上させる**ことができます。

(13) 2017年9月に、日本経済新聞社、金融庁、フィンテック協会が共催した「フィンサム・ウィーク2017」では、当時、国内最大規模だった仮想通貨交換業の経営者が、「個人が仮想通貨に投資する場合、金融資産の5％を超えるべきではない」という趣旨の発言をしていました。

コラム　七面鳥の罠：安定した高いリターンに安心してはいけない理由

過去のリターンの実績が優れている金融商品を選んでしまう。これは私だけでなく、多くの投資家が一度は陥ってしまいがちな罠です。

私のケースでは、日本のＩＴ企業に集中投資するという高いリスクを取っていたテーマ投信が、日経平均を大きく上回るリターンを上げていました。まさにそのリスクが原因となって、ライブドア事件を機にリターンは大きく反転しました。

この例に限らず、過去のリターンの実績が高い理由のほとんどは、リスクが高いからです。リスクとリターンはコインの表裏の関係です。次ページ図にある通り、ハイリターンならばハイリスクです。

お金を貸すという例で考えてみましょう。お金を貸す人は、お金を返してくれない可能性が高い人に貸すときには、金利を高く設定します。担保がある住宅ローンよりも、カー

ローリスク・ハイリターンな資産運用はない

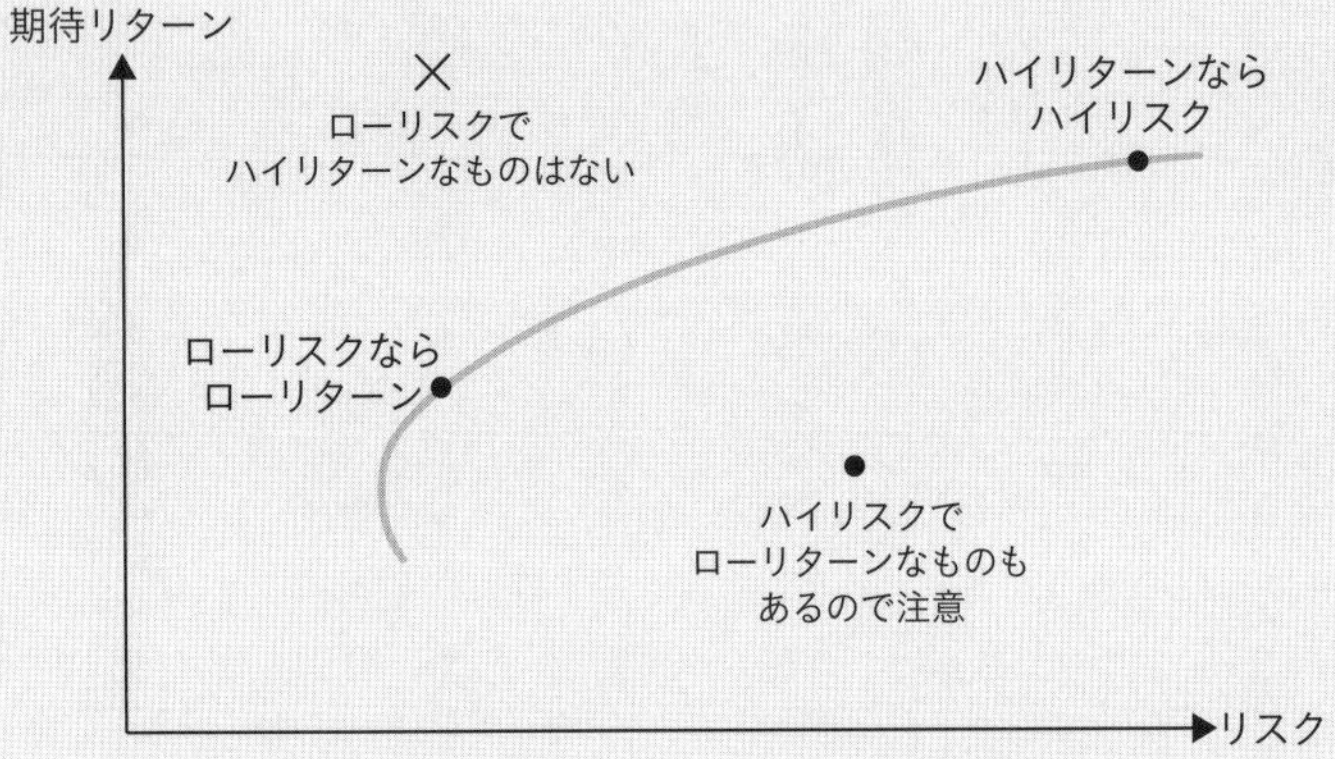

ドローンの金利が高いのはこのためです。

２０１８年８月には、日本の個人投資家の間で人気があったトルコリラ建ての債券や投資信託の価格が20％以上も下落しました。トルコリラ建ての債券の中には、金利が２０１８年１月の時点で10％を上回るものもあり、ゼロ金利に苦しむ日本の個人投資家にとっては魅力的だったかもしれません。しかし、**ハイリターンはハイリスクと表裏一体**です。トルコリラ建ての商品を買った人のうち、どれだけの人がリスクを理解していたでしょうか。

リスクを低く抑えると、リターンも低くなります。銀行預金は元本が保証されている低リスクの金融商品ですが、円預金の場合にはほとんどリターンはありません。日本国債も同じです。もしリスクが低いのにリターンが高い金融商品があるとしたら、リスクを過小に見積もっている可能性があります。

有名なのは、リーマン・ショックを引き起こしたサブプライム関連の金融商品です。リスクの低い、安定した金融商品だと思われていたのに、元本の大部分を失ったり、借金が残ったという事例もありました。

リスクが低く見えて実は非常に高いケースでも、パンフレットをよく読むとリスクについて明確に書かれていることがほとんどです。リスクを明らかにすることが規制で求められているからで、これは金融商品のよいところです。しかし実際には、**個人投資家は過去のパフォーマンスに目を奪われ、リスクについての説明を読み飛ばしてしまう**ことがよくあります。

哲学者のバートランド・ラッセルは、次のようなたとえ話をしました。

七面鳥にとって、世界がどのように見えるか想像してみましょう。生まれたときから、毎朝、人間がエサをくれます。世界の中でも親切なのが人間であり、中でももっとも親切な人間がエサをくれるのだと信じます。しかし感謝祭の前のある日、七面鳥はその人間によって殺されてしまいます[14]。

過去の実績だけを見ていると、将来的にも安定して体重が増えていくことが約束されているように感じられます。しかし、実際にはある日突然、体重はゼロになってしまいます。七面鳥が過去の実績をいくら見ても、将来を予想することはできないでしょう。

七面鳥が本当に知るべきだったのは、これまでの自分の経験だけではなく、親や兄弟たちがどのような運命を辿ったかでした。なぜ自分の両親が生きていないのか、納得がいくまで周りに尋ね回ってみるべきだったのです。

この七面鳥のたとえ話は、**限られた期間の実績を見て安心するという心理的な罠に陥るな**という警告を与えてくれます。「リスクが低くリターンが高い」という金融商品は存在しません。仮にそのような実績となっていたとしても、見逃しているリスクがないか、パンフレットを隅々まで確認するなど、納得がいくまで調べる必要があります。

過去のリターンの実績を見るときには、好景気のときだけでなく、不景気のときについても考える必要があります。たとえば金融機関などで、「元本割れのリスクがありますが、これまで元本割れをしたことがありません」と説明されたとします。では不景気になるとどうなるのでしょうか。リーマン・ショックのような金融危機が起きた場合はどうでしょうか。リスクを正面から見据え、将来を慎重に予測するだけでも、ある日突然、体重がゼロになるような事態を避けられるかもしれません。

(14) バートランド・ラッセル『哲学入門』(ちくま学芸文庫、2005年。原著は1912年)、ナシーム・ニコラス・タレブ『ブラック・スワン』(ダイヤモンド社、2009年)

第4章
日本人が知らなかった“正しい”資産運用

〝正しく〟資産運用するための6つのステップ

日本の資産運用のトレンドが世界でも異質であることは、前章で述べた通りです。海外の富裕層や機関投資家の間では、10年、20年という長い時間をかけて資産を大きく育てる「長期・積立・分散」の資産運用がスタンダードなのです。

ただ、日本の個人投資家が実践するには、依然としてハードルが高いことも事実です。日本では「長期・積立・分散」の資産運用が普及しておらず、〝正しく〟行う方法も知られていないからです。資産運用が初めての人にとっては特に難しいでしょう。

そこで本章では、「長期・積立・分散」の資産運用をするときの具体的なステップを順番に紹介します。左図は、「長期・積立・分散」の資産運用の6つのステップです。すべて実践するのは大変かもしれませんが、「長期・積立・分散」の資産運用を〝正しく〟行う方法を体系的に知っておくことは重要です。

「長期・積立・分散」の資産運用の6つのステップ

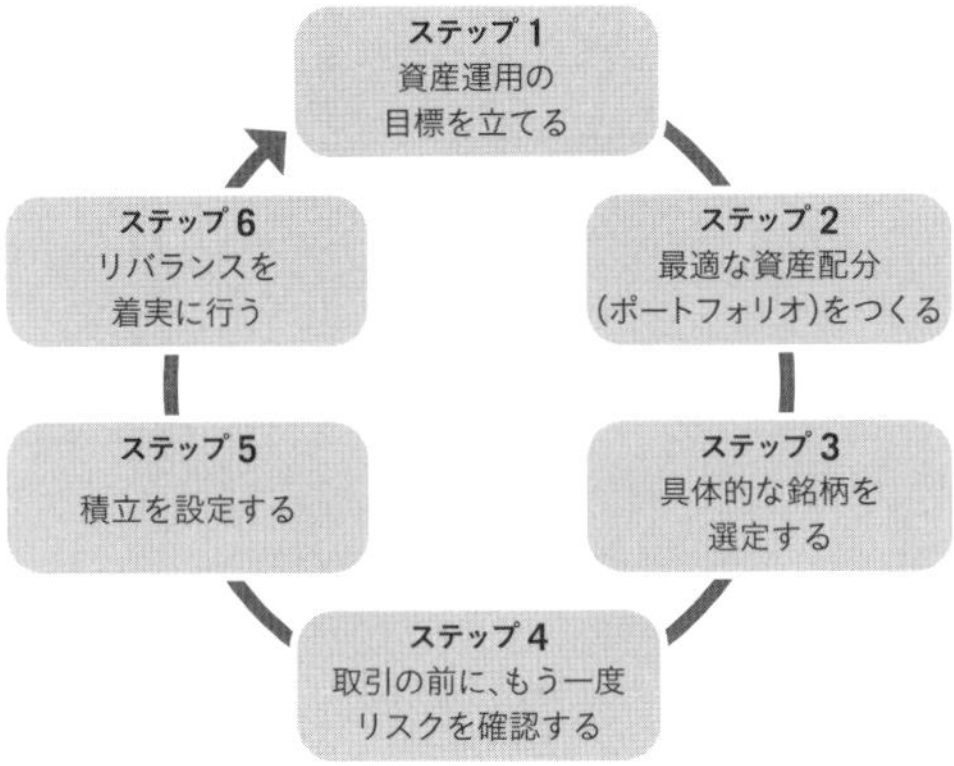
ステップ1
資産運用の
目標を立てる
ステップ2
最適な資産配分
(ポートフォリオ)をつくる
ステップ3
具体的な銘柄を
選定する
ステップ4
取引の前に、もう一度
リスクを確認する
ステップ5
積立を設定する
ステップ6
リバランスを
着実に行う

▼ステップ1：資産運用の目標を立てる

資産運用もスポーツや習い事と同じで、まずは最初に目標を立てます。

スポーツや習い事を始めるときには、

「次回のレースでは20㎞を完走したい」
「2年後に留学したい」

といった具体的な目標を立てることが多いと思います。

目標があれば自然と、それを達成するために、

「毎朝30分のランニングを続けよう」
「英会話のレッスンを仕事帰りに2回、週末

に1回受けよう」

といった具体的なプランをつくろう、という思考になります。

目標は、取り組みが長期的で、挫折や我慢が予想されるときほど効果を発揮します。すぐに成果が上がらず挫折しかけても、目標を思い出すことであきらめずに続けられる確率が高くなるからです。

資産運用は、まさに長期的な取り組みです。長い道のりの中では、金融危機が起こったときなど、我慢を強いられる場面にも必ず直面します。このため、「いつまでに、どのくらいの資産を築きたいのか」という具体的な目標を立ててスタートするほうが、後々うまくいきます。

老後のために資産運用をするなら、**将来、年金が受け取れるという前提で3000万円から4000万円あれば安心**だといわれています。ただ、生活スタイルの違いによる個人差が大きく、住まいが都会か地方かというだけでも必要な生活費は大きく変わります。資産運用を始めた後に目標を変えることもできるので、まずは今の時点での目標を立てましょう。

目標を立てると、資産運用が必要かどうかも、おのずと明らかになります。

たとえば「30年で3000万円の資産を築く」という目標を立てたとします。30年間で3000万円の資産を築くために定期預金を使うなら、現状のゼロ金利では毎月8万円以上を積み立てていく必要があります。一方、「長期・積立・分散」の資産運用で、平均して年5％のペースでお金を増やせるとすれば、毎月の積立額は4万円で済みます。（毎年5％のリターンを出し続けることはできませんが、プラスとマイナスのリターンを行き来しながら、長期的に平均して年5％のリターンを目指すことは十分可能です。）時間を味方につけられるなら、「長期・積立・分散」の資産運用を検討する価値は十分にあります。

▼ステップ2：最適な資産配分（ポートフォリオ）をつくる

資産運用の目標を立てたら、次はどのような資産配分（ポートフォリオ）で運用してい

年齢などによって最適な資産配分は異なる

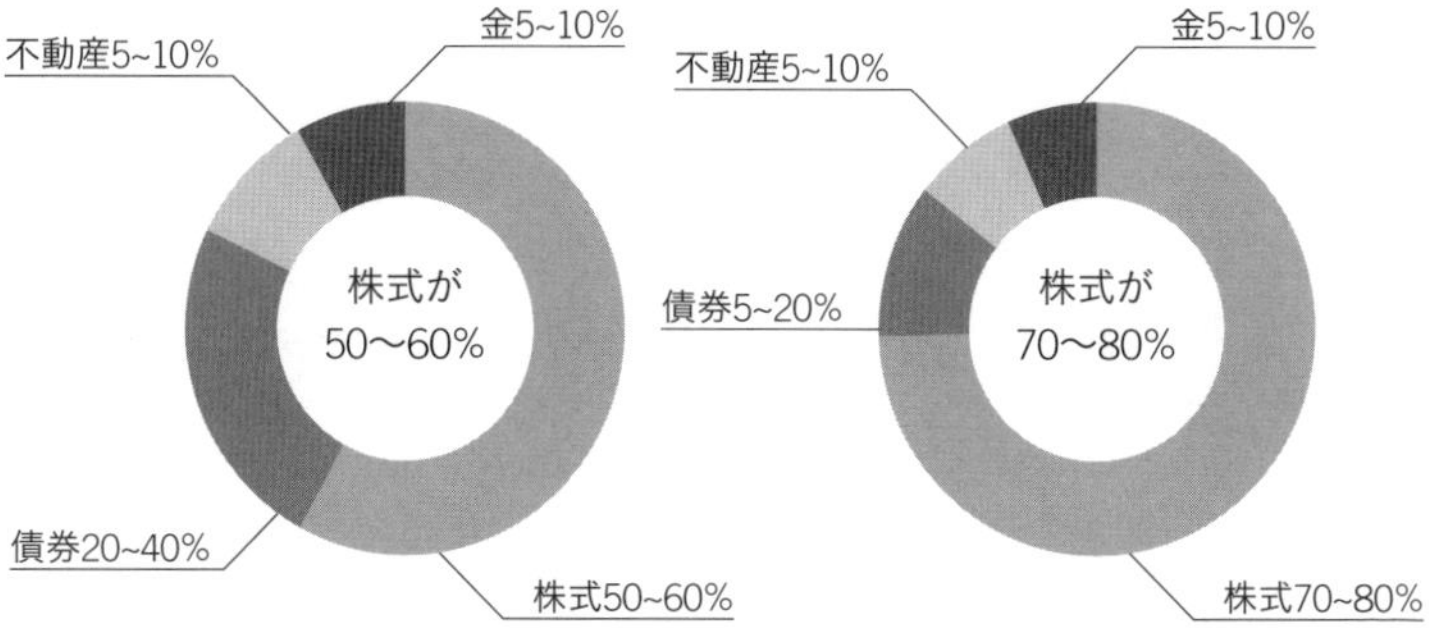

50〜60代で**10年ほどの資産運用**を考えている方向け

30〜40代の方や、50〜60代で**引退せずに働き続ける**方向け

くかを考えます。

第2章で紹介した、世界最大規模の資産を運用する「ノルウェー政府年金基金」の資産配分を振り返ってみましょう。株式が66%、債券が31%、不動産が3%となっており、世界中の資産に分散して投資しています。この資産配分は、私たちが個人的に資産運用をするときにも大いに参考になります。

私たち一人ひとりにとって最適な資産配分は、投資を始める年齢、運用できる期間、投資の経験があるかないかによって変わってきます（上図）。

「人生100年時代」といわれる今、20〜

40代であれば、少なくとも20〜30年は資産を運用できます。**ある程度リスクを取れるという前提に立つと、債券などに比べてリスクが高い「株式」の割合を70〜80%にまで増やす**ことが一般的です。

一方、**50〜60代で10年後くらいにリタイアを考えているなら、株式の割合は50〜60%が妥当**です。これは、ノルウェー政府年金基金と同じくらいの割合です。

ただし50〜60代でも、たとえば当面リタイアする予定がなく生涯現役で働き続ける場合や、孫の将来の教育費として長期的に運用したいといった目標がある場合は、20〜40代と同じように株式の割合を増やしてもいいでしょう。実際に、そのような資産運用をしている人もいます。

投資経験によっても、最適な資産配分は変わってきます。

「長期・積立・分散」の資産運用は、できるだけ感情に左右されずに淡々と続けることが大切です。とはいえ資産運用に慣れていないと、リーマン・ショックのような金融危機で資産が大きく減ったとき、パニックになり資産運用をやめてしまうかもしれません。途中でやめると、長期的なリターンは大きく損なわれます。

それならば、**最初から資産が大きく減らないよう対策しておくのが賢明**です。具体的には、株式の割合を減らせば、期待できるリターンは減りますがリスクも抑えられます。資産が大きく減るのが不安だという人は、リスクを抑えてスタートするのもいいでしょう。

▼ステップ3：具体的な銘柄を選定する

自分にとって最適な資産配分を決め、資産の8割を株式に配分、さらにその半分（資産の4割）を米国の株式に投資することにしたとします。資産の4割を占める米国株への投資はどのように行えばよいでしょうか。

「長期・積立・分散」の資産運用では、特定の企業（たとえばアップル）や特定の産業（たとえばヘルスケア）に集中せず、米国の上場企業になるべく幅広く投資することを考えます[1]。**どの企業や産業の株価が上がるのかを正確に予測するのはほとんど不可能**だといわれているからです。

最適な投資信託を選ぶ3つの基準

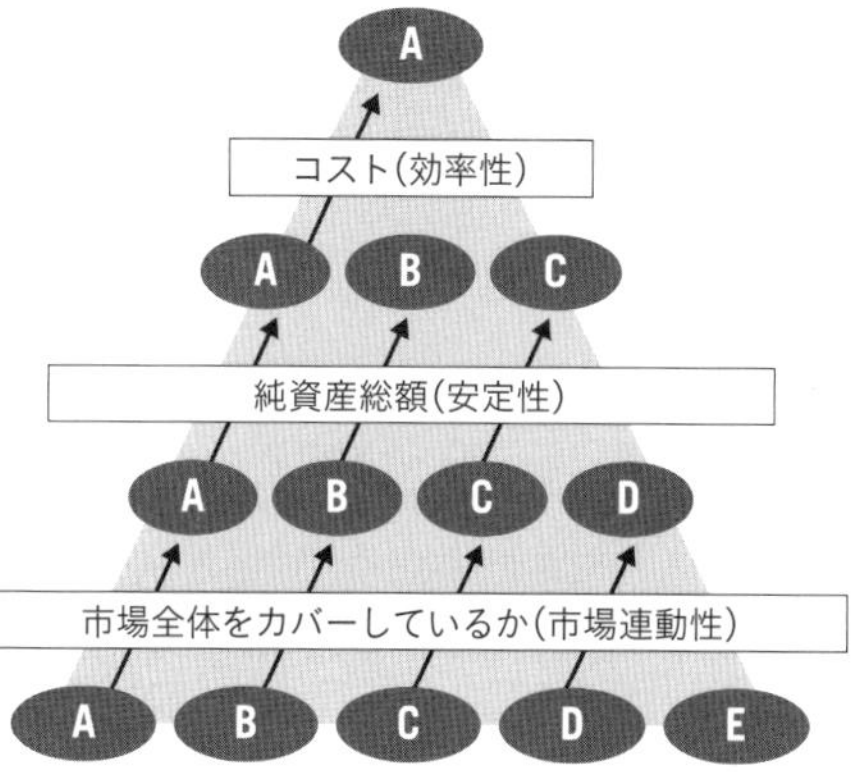

米国の株式市場に上場している数千もの株をひとつずつ買うのは現実的ではありません。そこで、米国の株式市場全体をカバーするような投資信託を選ぶことにします。ひとつの投資信託を買えば、アップルやアマゾン、フェイスブック、エクソンモービルといった大企業をはじめ、数千もの米国株にまとめて投資できるからです。

では、数ある投資信託の中から、どうやって最適な商品を選べばよいでしょうか。ここでは、3つの客観的な基準によって、最適な投資信託を選ぶ方法をご紹介します(上図)。

(1) 特に投資したい企業や産業があるなら、第3章でも説明した通り、資産運用の中心(コア)ではなく、あくまでも一部(サテライト)とすることをお勧めします。

１つ目の基準は、「投資対象とする市場全体をきちんとカバーしているかどうか」です。それをチェックする目安となるのが、**株価指数**です。

米国株の場合、実にいろいろな種類の株価指数があります。もっとも有名なのは「ＮＹダウ」ですが、アップルやＰ＆Ｇ、ウォルマートなど米国を代表する大企業30社しかカバーしていません。

同じく有名な「Ｓ＆Ｐ５００」は、米国に上場している企業の時価総額の8割を占める５００社をカバーしています。課題があるとすれば、Ｓ＆Ｐ５００がカバーする５００社は、大企業ばかりだということです。

日本やヨーロッパとは違い、イノベーションが活発な米国では新しい産業が次々に生まれます。このため、将来が期待できそうな中堅企業にも投資しておくべきという考え方もあります。**大企業と中堅企業の両方に投資すれば、株式市場全体をカバーする**ことになります。

あまり知られていませんが、「ラッセル３０００」や「ＣＲＳＰ　ＵＳトータル・マーケット・インデックス」といった株価指数に連動する投資信託が、この条件に当てはまり

ETF（上場投資信託）で市場全体をカバー

VTI（バンガード・トータル・ストック・マーケット）の銘柄構成のイメージ図

VTIは
アメリカの株式
3,654銘柄へ
投資

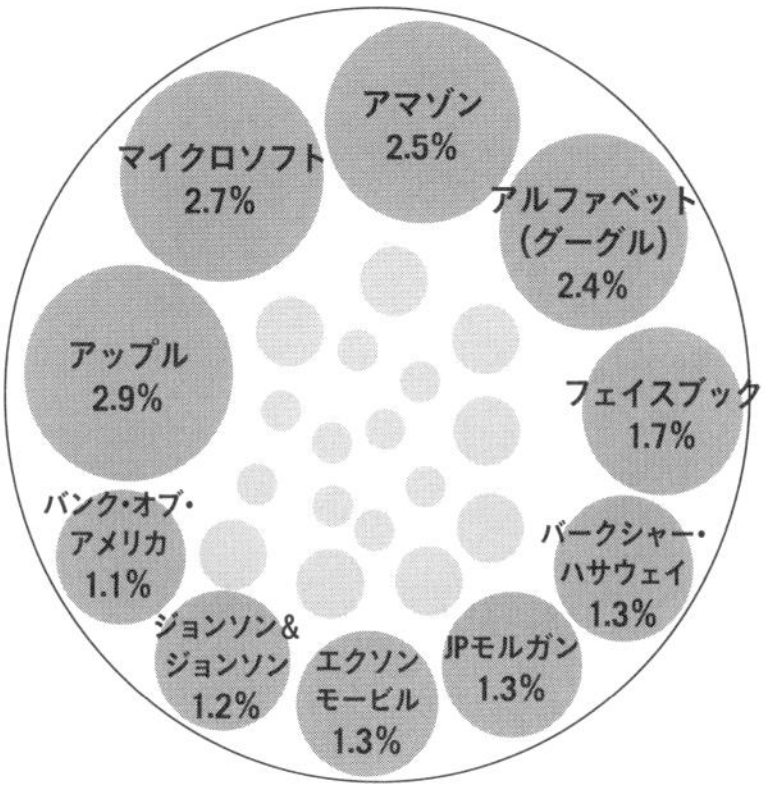

出典：バンガード・トータル・ストック・マーケットETF「保有上位10銘柄と純資産総額に占める割合」（2018年6月末）

ます。

こうした条件を満たすもののひとつに、VTIというETF（上場投資信託）があります。その中身を具体的に見てみると、日本人にもなじみのあるアップル、マイクロソフト、アマゾン、アルファベット（グーグル）、フェイスブック、ジョンソン・エンド・ジョンソンなどの巨大企業から中堅企業まで3000以上の銘柄が含まれています。このようなETFに投資すれば、米国の株式市場全体に投資するのとほぼ同じ効果が得られます。

市場全体をカバーする投資信託を選んだら、**投資信託が市場の動き（目標とする株**

価指数）にきちんと連動しているかどうかも確認しておきましょう。市場全体をカバーする投資信託をつくるには、かなりの労力と費用がかかります。労力や費用を抑えるために投資信託のクオリティを下げ、株価指数に正確に連動することを犠牲にするケースがあるからです。

たとえば、S&P500に完全に正確に連動した投資信託をつくるには、そこに組み込まれている500銘柄すべてに投資する必要があり、かなりの労力とコストがかかります。仮に500銘柄のうち100銘柄を間引けば、労力とコストを抑えながら、S&P500にほぼ連動した投資信託をつくることができます。そして、コストを減らした分、個人投資家が真っ先に注目する手数料を下げた商品設計にすることができるのです。

こうしてつくられた投資信託は、S&P500におおよそは連動していますが、たとえば間引いた100銘柄の株価が普段よりも大きく動くようなとき、S&P500の実際の動きとずれることがあります。

そこで、「**トラッキング・エラー**（tracking error）」という指標を使えば、投資信託の価格の動きと、目標とする株価指数とのずれを測ることができます。**トラッキング・エラー**

が大きいということは、株価指数と大きく乖離しているということです。たとえ手数料が低くても品質が悪い、いわば安かろう悪かろうの商品なので選ばないほうがいいでしょう。

日本の場合、トラッキング・エラーが開示されていない投資信託や、開示の仕方が非常にわかりにくい投資信託もあります。わからなければ判断のしようがないので、選択肢から外すのが賢明です。

2つ目の基準は、「資産運用をずっと続けられるような、安定した投資信託であるか」です。ここでは、**純資産総額**を確認します。

純資産総額は、いわば投資信託の大きさです。投資家からどれだけ多くのお金を預かっているか、つまり人気度をチェックできる指標です。

ひとつの目安として、純資産総額が1000億円以下の投資信託はお勧めできません。この目安に沿うと、日本の投資信託を買うハードルが高くなります。**日本で売られている投資信託の8割は純資産総額が100億円未満**です。しかも悩ましいことに、日本では**良**

心的な運用方針で運営されている投資信託に限って、純資産総額が非常に小さい傾向があります。

小粒でも中身がよければいい、と思うかもしれませんが、純資産総額が小さい投資信託は、ある日突然、運用停止となり償還されてしまうリスクがあります。これを、**早期償還リスク**と呼びます。味はいいけれどお客さんの少ないレストランが、ある日突然、閉店してしまうようなものです。

投資信託を運営するには、人件費や、システム費、監査費用など、さまざまなコストがかかります。たとえば預かり資産が100億円で手数料が0・5％の投資信託の場合、年間の収益は5000万円です。収益のおよそ半分は、投資信託を販売した銀行や証券会社に入ります。このため、運用会社は残りの2500万円、金融業界でいえば2～3人の人件費で、投資信託にかかるすべてのコストをカバーしなければなりません。利益が少なすぎたり、まして赤字だったりすると運用を続けられません。

長期投資が普及していなかった**日本ではこれまで、純資産総額を基準に投資信託を選ぶ人は少なかった**と思います。しかし資産運用を長く続けていくには、純資産総額から投資

信託が安定しているかを見ることはとても重要です。(2)

3つ目の基準は、「**コストパフォーマンス**がよいか」です。対象とする市場全体をカバー(目標とする指数に正確に連動)していて、純資産総額が大きい投資信託の中から、手数料がもっとも低いものを選びます。

米国の投資信託やETF(上場投資信託)の場合、すべての手数料が開示されているので、比べるのは簡単です。

難しいのは、日本の投資信託を選ぶときです。残念ながら、一部のコストが小さなフォントや注意書きで開示されているだけ、といったケースもあります。日本では、コストを誠実に開示している投資信託のほうが手数料が高い、と誤解されているケースもあり、注意が必要です。

(2) 純資産総額が今1000億円に満たない投資信託でも、長期間にわたって着実に純資産総額が増えている場合には、近い将来に純資産総額が1000億円を超えることが期待されるため、早期償還のリスクも低いと判断できるかもしれません。そのような投資信託も存在しますが極めて例外的です。

▼ステップ4：取引の前に、もう一度リスクを確認する

資産配分と投資信託の銘柄を決めたら、いよいよ実際の取引を行います。その前にひとつ確認すべきポイントがあります。「リスク」です。

すべての金融商品には、程度の差はあれリスクが示されています。パンフレットを読むと**「相場変動リスク」「為替変動リスク」「信用リスク」**といった見慣れない言葉が並んでいるはずです。どのようなリスクなのかをイメージせずに買ってしまう人も多いのではないでしょうか。しかし、自分がこれからどんなリスクを取るのか、特に最悪のケースで何が起こるのかを把握しておくことは、資産運用を続けていくうえでとても重要です。

リターンとリスクは、コインの表裏の関係です。「長期・積立・分散」の資産運用でも、それは同じです。

「長期・積立・分散」の資産運用は、世界経済全体に対して投資します。「r＞g」の数式が示す通り、世界経済の成長率（g）を上回るリターン（r）を追求します。

追求するリターンの裏には、リスクがあります。世界経済全体に投資してリターンを狙うということは、国際的な金融危機が起これば、資産が大きく減るリスクがあるということです。実際、資産規模110兆円のノルウェー政府年金基金も、ドットコム・バブル崩壊やリーマン・ショックのときには、一時的ながら大きな損失を出しました。

100年に一度といわれるリーマン・ショックが起きたことは紛れもない事実です。リーマン・ショック級でなくとも、過去25年で国際的な金融危機は5回発生しています。今後、20～30年と資産運用を続けていくにあたっては、幾度かの金融危機を乗り越える場面があると考え、リーマン・ショック級の最悪のシナリオも想定したうえで資産運用を始めることが大切だと思います。

▼ステップ5：積立を設定する

資産運用をスタートするときに、できれば積立も設定することをお勧めします。ノルウェー政府年金基金は、北海油田からの原油収入を積み立てています。働く世代が資産運用をするときには、毎月の収入の中から、余裕資金を積み立てていくことになります。

積立を設定しない場合、数カ月に一度、あるいは年に一度くらいのペースで、手元のお金を資産運用に回すことになるでしょう。しかし**タイミングを見計らって投資する方法は、多くの場合うまくいきません。**日本はもちろんアメリカでも、株価が高くなるタイミングで強気になって買い、株価が大きく下落するタイミングでパニックになって売ってしまう投資家が多いことが知られています。

これでは、「高く買って、安く売る」ということになり、リターンはむしろマイナスになってしまいます。そうなるくらいであれば、積立をしながら、株価が上がる局面でも下がる局面でも淡々と投資していくほうがいいでしょう。

余裕があるなら、毎月の積立額を少しでも増やしてみましょう。長く運用すればするほど、将来の資産に大きな差が生まれます。たとえば、運用期間が30年で毎年5％のリターンがあるとします。30年後の資産は、毎月3万円ずつ積み立てると2446万円、毎月4万円ずつ積み立てると3261万円、毎月5万円ずつ積み立てると4076万円となります。**毎月1万円の差が、30年後に大きな違いを生む**ことがわかります。

では、毎月の家計が赤字で、積立をする余裕がないときはどうしたらよいのでしょうか。無理に積立をすることはお勧めしません。株価が下がったり、円高になったりして資産の評価額が下がったときの落胆がかなり大きいと予想されるからです。毎月の収入が少し増えたとき、増えた金額の半分を積立に回すといった方法であれば、積立投資を無理なく続けられると思います。

積立投資と関連して、「手元にまとまった資金がある場合に、一括して資産運用に回すべきか、それとも積立投資をするべきか」という質問を受けることもあります。

純粋に長期投資という観点からは、一括投資をお勧めします。一括のほうが、手元にあるお金すべてを早く資産運用に回せるというメリットがあるからです。極端ですが、100万円の資金を毎月1万円ずつ積み立てていくと、100万円すべてが運用に回るまでに8年以上かかってしまいます。

第2章でご紹介した、1992年から25年間のシミュレーションでは、最初に100万円でスタートし、毎月3万円ずつ積立投資をすると、投資した総額（累積元本）の１００0万円が25年で約2・4倍に増えました。もし積立投資ではなく、最初から１０００万円を一括で投資したとすれば、１０００万円は25年間で約４・1倍の４１０２万円に増えた計算になります。

一括投資をしたときの、25年間の年平均のリターンは5・8％であり、積立投資をした場合とさほど変わりません。最初から一括で投資すると、１０００万円の元本すべてが25年間運用されるため、積み立てたときよりも最終的な金額が大きくなったのです。

しかし、一括投資をした場合の途中経過を見ると、スタートして2年ほど経った１９９4年に、一時的な円高の影響を受けて元本割れし、１９９5年4月には元本割れが約１５0万円まで拡大してしまいます。そして、その4カ月後の１９９5年8月には元本まで回復しました。

大きく元本割れしたことでパニックに陥ったり、元本が回復したタイミングで「もうこれ以上続けたくない」と思って資産運用をやめてしまうケースは多いはずです。最初から

1000万円を一括で投資すれば、最終的な金額は元本の約4倍になったわけですが、途中でやめてしまっては、そのリターンは得られなかったことになります。

つまり、ここでの**本質的な問いは、「一括と積立、どちらなら、長期投資を続けられるか」**です。

元本割れのリスクも理解したうえで「自分は一括投資をして、資産全体をより長期的に運用しよう」と思うなら、一括投資が向いています。

ただ多くの人は、一括か積立か、迷うのではないでしょうか。一括投資だと、資産全体がより長期にわたって運用されるため、積立投資よりも資産が増えやすいものの、元本割れしたときの心理的なダメージが大きく、資産運用を途中でやめてしまう可能性も大きくなります。

25年間のシミュレーションでは、最初に100万円でスタートし、毎月3万円ずつ積立投資をするというモデルケースを採用しました。資産運用をいくらから始めるか迷っているなら、手元にあるお金のうち、半分を一括投資、残り半分を1〜3年かけて積立投資とし、バランスを取ってみるのもいいでしょう。

ところで、最初に手元にあるお金を投資し終えた後は、どうすればいいのでしょうか。たとえば毎月、新たな余裕資金が入ってくる場合には、やはり積立投資をしていくことをお勧めします。

私の妻の両親は、毎月の収入から生活費や住宅ローンなどを支払った残りのほとんどを、積立投資で資産運用に回し、預金は生活費の数カ月分しか持ちませんでした。第2章で紹介した世界最大規模のノルウェー政府年金基金をはじめ、多くの機関投資家も、新しく入ってきた資金を積立投資に回しています。

「一括か積立か」で迷うのは、資産運用をスタートするときだけです。世界の富裕層や機関投資家は、一括と積立を組み合わせて「長期・積立・分散」の資産運用を行っています。私たち一人ひとりが資産運用をするときは、バランスを取りながら、長期の資産運用を心がけることが重要です。

最適な資産配分を維持するために「リバランス」を行う

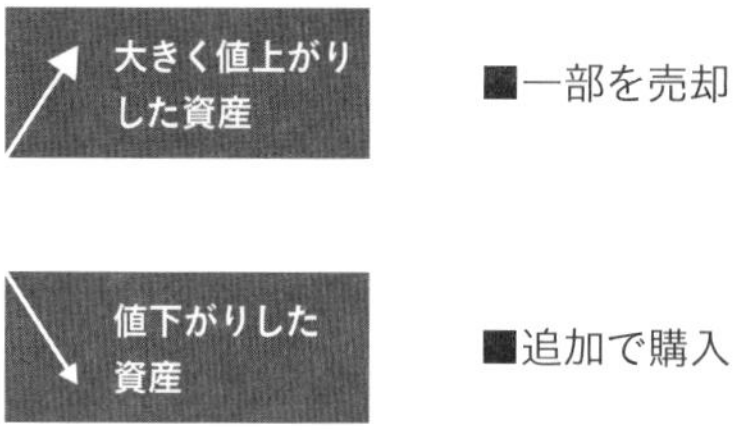

▼ステップ6：リバランスを着実に行う

資産運用をスタートした後は、「**リバランス**」を行います。リバランス（rebalancing）とは、最適な資産配分になり続けるよう調整することです。多くの場合、「**値上がりした資産を売り、値下がりした資産を買う**」という方法をとります（上図）。

「長期・積立・分散」の資産運用には、リバランスが欠かせません。最適な資産配分で資産運用をスタートしても、時の経過とともに資産のバランスが崩れてくるからです。

たとえば、新興国株の価格が大きく上昇し、資産全体に占める割合が大きくなりすぎると、新興国株の影響を想定より大きく受けるため、リスクが高くなってしまいます。このようなケースでは、値上がりした新興国株の一部を売り、値下がりしたほかの資産に追加で投資して、最適な資産配分に戻します。資産のバランスを再び取り戻すというところから、リバランスと呼ばれるわけです。

リバランスを行うと、中長期的に資産運用のリスクを下げつつリターンを上げられるとされています(3)。

リバランスは1年に一度、多くても半年に一度のペースで行います。加えて、相場に大きな動きがあって資産配分が大きく崩れたときにも行います。これは、機関投資家や富裕層向けの資産運用サービスでも同じです。

「もっと頻繁に行ったほうがいいのでは」と思うかもしれませんが、**値上がりした資産の一部を売ることで税金が発生**する可能性があります。税金のことまで考えると、あまりに**頻繁すぎるリバランスはかえって逆効果**になることがあります。

なお、毎月の積立と組み合わせてリバランスをする場合はこの限りではありません。積

毎月の積立を活用してリバランスする場合

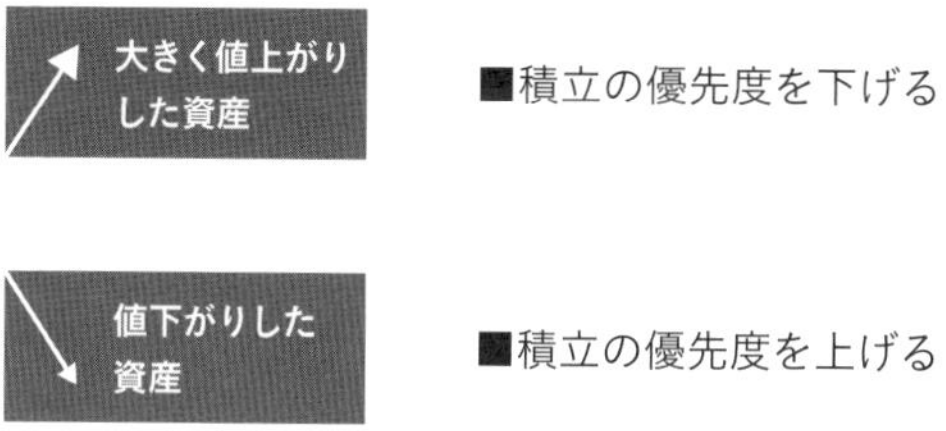

立投資といえば、あらかじめ決めておいた銘柄を買い続けるというイメージかもしれませんが、工夫すれば、積立投資と同時にリバランスをすることも可能です。積立投資をしながらリバランスをするには、値下がりしている資産を優先して買います。資産配分が元に戻ってなお資金が余っていれば、値上がりした資産も含めて、金太郎飴のようにバランスよく追加投資を行います。

直近でも、リバランスの効果があった局面がありました。２０１８年２月の株価急落です。

２０１７年後半には、国内外の株価が上がり続けたため、株式に集中して追加投資をした投資家も多かったと

(3) ただし、リバランスによって一時的にリターンが下がる場合もあります。たとえば、予想を超えて値上がりした資産の一部をリバランスの一環で売却し、その資産の価値がその後も上がり続けると、リバランスをしなかった場合と比べて一時的にリターンは低くなります。

思います。資産配分が株式に偏りすぎていたなら、２０１８年2月の株価急落で大きなダメージを受けたでしょう。

リバランスをしていたなら、値上がりした株式を売って債券を買うなど、全体に占める株式の割合を適正な水準に保っていたはずです。株価急落のタイミングでは、わずかながらもダメージを抑えることができていたのではないでしょうか。

積立投資をしながらリバランスをすると、値上がりした資産の一部を売らなくていいので、税金がかかりません。毎月、積立をしながら資産配分を整えられるので、半年から１年ごとのリバランスも限定的になり、税負担をさらに抑えられます。積立投資によってうまくリバランスをすることで、資産運用の効率を上げられるのです。

コラム　富裕層は資産配分をこう決める

資産運用の本にはよく、「資産配分は株式6割、債券3割、その他1割にしましょう」といった具合に、目安が具体的に書いてあります。それに従ってみるのもいいのですが、**富裕層から資産運用を任せられたプライベート・バンカーは、もっと精緻な方法で最適な資産配分を計算**しています。

その方法を少しだけ覗いてみましょう。

次ページ図は、縦軸が期待されるリターン、横軸が過去のデータから推計されたリスクです。一つひとつの点は、世界中の資産の異なる組み合わせ、すなわち資産配分を表しています。ここには数えられるほどの点しか載せていませんが、実際には、数百万通りのパターンが考えられます。

もっとも効率よい資産配分を示す「効率的フロンティア」

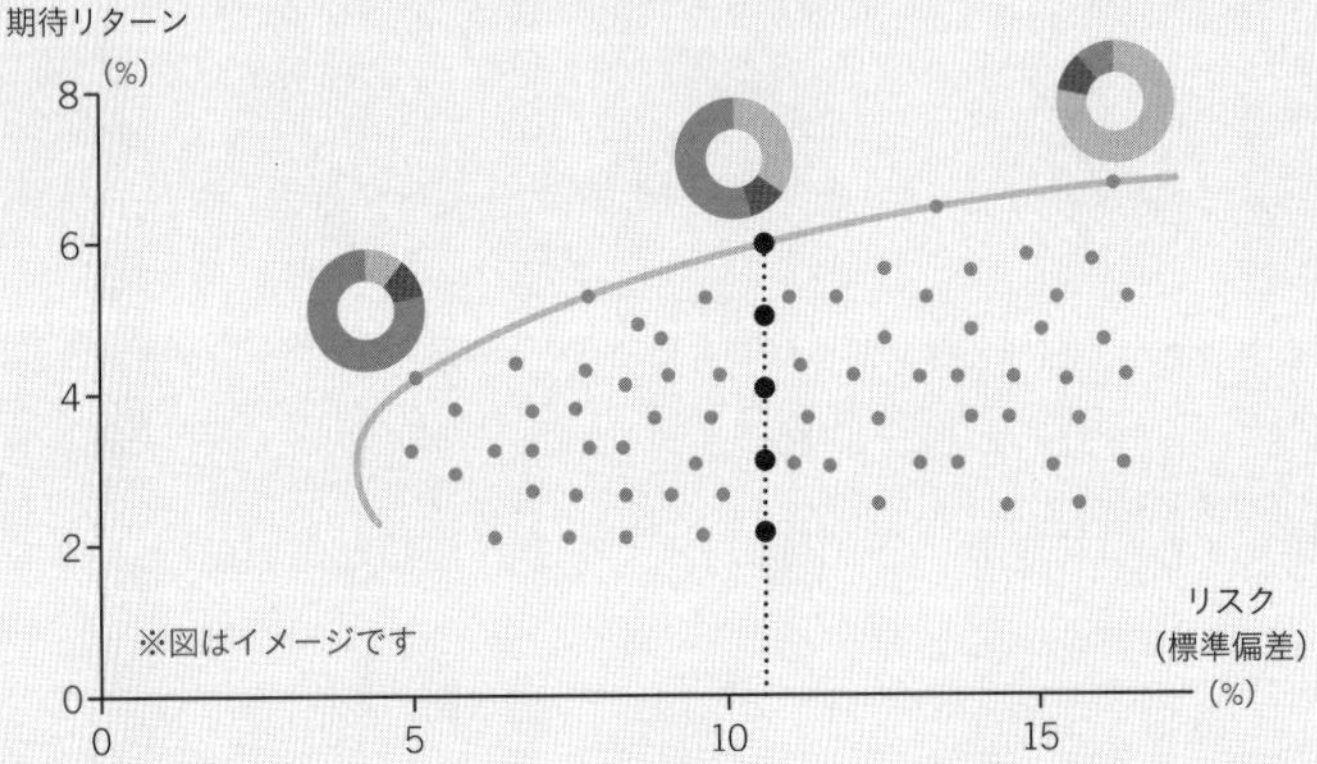

真ん中にある5つの黒い点に注目してください。リスクが同じで、期待リターンだけが異なります。この5つの中であれば当然、期待リターンがいちばん高い点を選ぶでしょう。同じリスクなら、リターンは高ければ高いほどよいからです。

次に、リスクをもう少し取ったときにリターンがいちばん高くなる点を探します。そうすると、点は少しだけ右に動きます。逆にリスクをもう少し下げると、点は少しだけ左に動きます。

このような作業を続けていくと、リスクが同じでリターンがいちばん高い点の集合は曲線を描きます。曲線上にある点の一つひとつは、もっとも投資効率がよい資産配分になっており、「**効率的フロンティア**（efficient frontier）」と呼ばれます[4]。

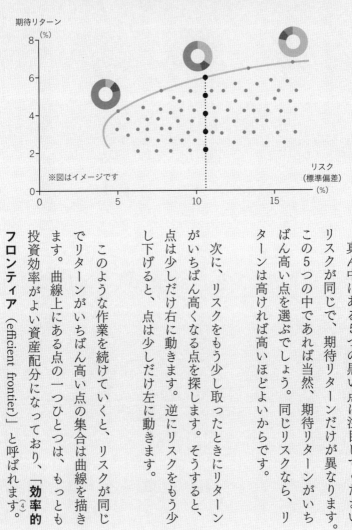

なお、1952年にこの曲線（効率的フロンティア）の計算方法を考え出したハリー・マーコビッツ教授は、安定的な資産形成に貢献した業績が認められて1990年にノーベル賞を受賞しました。(5)

これは富裕層に限った投資手法ではありません。**最適な資産配分を実現したいなら、私たち一人ひとりの金融資産はこの曲線（効率的フロンティア）上にあればよい**ということになります。

最適な資産配分は、自分の都合で変える

それでは、「最適な資産配分」そのものは変わっていくのでしょうか。

最適な資産配分の「最適」は、私たち**一人ひとりにとっての「最適」**です。「最適」の度

(4) 日本語では、「有効フロンティア」と訳されることもあります。
(5) しかし、ノーベル賞を受賞したとはいえ、理論そのままでは、入力データによっては非現実的な資産配分が提案されてしまうという問題がありました。これを解決したのが、1990年に米国の投資銀行、ゴールドマン・サックスが公表したブラック・リッターマン・モデルです。現在、機関投資家や富裕層向けの資産運用の実務の現場で、ハリー・マーコビッツ教授が提唱した理論とブラック・リッターマン・モデルがセットで活用されています。

数十年かけて「効率的フロンティア」上を動かしていく

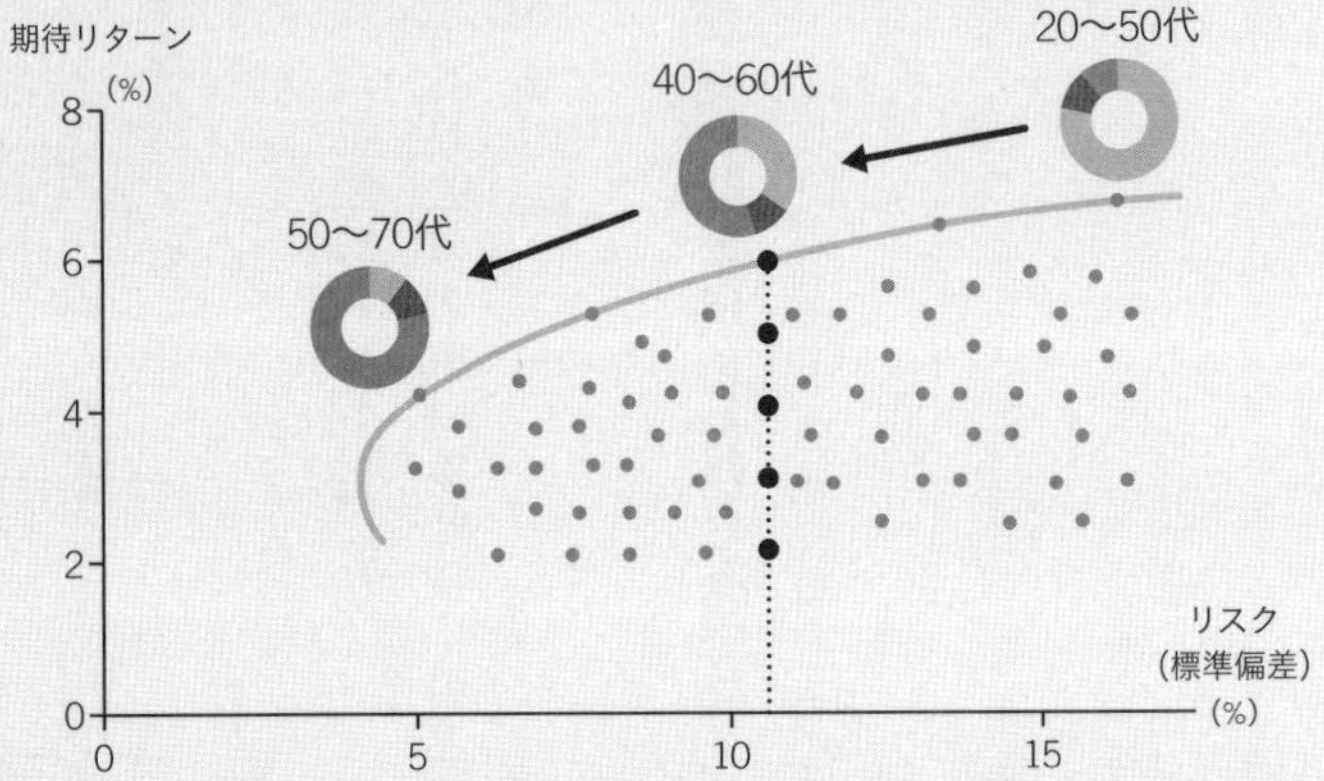

※図はイメージです

合いはその時々で変わりますが、株式市場の動向など、周囲の影響を受けて変える必要はありません。自分の都合で変えていけばよいのです。

今、20~30代でこれから長期にわたって運用できるなら、資産運用を曲線（効率的フロンティア）上の右端でスタートします。これは、株式の割合が70~80%くらいでリスクが比較的高い資産配分です。そこから30~40年かけて少しずつ、曲線上を右から左へ、つまりリスクの高いほうから低いほうへ動かしていきます。

60歳まで働くとすると、20年ほどかけて曲線上を左に動き（リスクを下げ）、株式の割合を60%くらいまで減らしていきます。この移行スピードはとてもゆっくりなので、資産運用を始めて5年後くらいの時点では、最初の資産配分から変わりません。

一方、10年後にリタイアするなら、曲線（効率的フロンティア）の真ん中くらいでスタートします。株式の割合が50～60％くらいの資産配分です。こちらも時間をかけて少しずつ、曲線上を右から左へと動かしてリスクを下げていきます。

もし最初の5年間で**株価や金利に変化があったなら、リバランスを行えば十分**です。曲線上を動く、つまりリスクを上げたり下げたりする必要はありません。

複数の投資信託を組み合わせる

このような「最適な資産配分」は、複数の投資信託を組み合わせて買うことで実現できます。株式の投資信託、債券の投資信託……と、資産クラスごとにいくつかの投資信託を組み合わせてもっておけば、それぞれの投資信託で運用する資産を自分のタイミングで少しずつ変えていくことができます。

プライベート・バンクに資産運用を任せてきた妻の両親も、年齢とともに資産配分を変えていったそうです。若いときは高いリターンを優先して資産の大部分を株式が占めていましたが、プライベート・バンカーの勧めで、時間をかけて株式の割合を減らし、リタイアした今では株式の割合が半分以下とよりリスクの低い構成になっています。

なお、投資信託の中には、株式や債券などが一定の割合で組み合わさっている「バランス型」と呼ばれるものもあります。バランス型をひとつ買えば、複数の資産をもてることになりますが、多くの富裕層はこうした方法は取っていません。

仮にバランス型をひとつだけ選ぶとすると、30代でスタートする人は、株式が80%を占める投資信託を選ぶことになります。最初はいいのですが、時間が経つにつれ、株式の割合が年齢と合わなくなります。どこかのタイミングで債券中心のバランス型の投資信託に切り替えるというのも悩ましい問題です。切り替えるときに株価が高いかどうかでリターンに大きな差が出るうえ、税負担も大きくなるからです。

こうした理由から、「最適な資産配分」を実現し続けるには、複数の投資信託を組み合わせることをお勧めします。

「長期・積立・分散」なら、投資の初心者がプロより有利

海外の機関投資家や富裕層にとってのスタンダードである「長期・積立・分散」の資産運用は、投資のプロでなくても実践できます。それどころか、「短期的なリターン」をどうしても求められてしまうプロと比べ、一般の個人投資家のほうが有利なこともあります。

「長期・積立・分散」の資産運用は、「長期」という言葉の通り、数カ月や1年といった短期間で成果を出そうとするのではなく、10年、20年かけて資産を育てます。**時間を味方につける資産運用**、ともいえるでしょう。

時間を味方につけるには、資産運用をなるべく早く始め、長く続けることが大切です。**若くから始めていれば、より長い時間を味方にできるので資産運用に成功しやすくなります。**私の妻の両親が資産運用で成功した最大の理由も、まだ貧しかった若い頃に資産運用

を始めたからです。

長く続けて時間を味方につける。簡単に聞こえますが、プロの投資家にとってはハードルが高いことです。

プロの投資家は、定期的に運用状況を評価されます。多くの場合、短期的なリターンをチェックされます。「10年、20年続けていれば効果が出る」とわかっていても、短期的に資産価値が下がり続けていると、長期的なリターンを犠牲にして、短期的なリターンを〝改善〟する必要に迫られることがあります。

たとえばプロの投資家は、為替による一時的な損失を抑えるために、為替ヘッジ(6)をかけることがあります。為替ヘッジをかけると確かにリターンは短期的に安定しますが、**コスト（一種の保険料）もかかるため、長い目で見るとリターンは悪化**します。

また、金融危機が起きると、プロの投資家は資産の売却を強制されます。大きくマーケットが下がると、あらかじめ決められたリスクを超過してしまうため、「放っておけば上がる」とわかっていても、内部ルール上、売却するしかありません。何もしなかった場合と比べてリターンは悪化します。こうしたプロの投資家の行動が資産の価格をさらに引き下げ、金融危機のショックを増幅させます。

プロの投資家とは異なり、個人投資家は誰からも運用報告を求められず、長期投資に徹することができます。**短期的なリターンに一喜一憂しないと心に決めれば、時間を味方につけ、長い目で資産運用を続けられます。**「長期・積立・分散」の資産運用をするなら、個人投資家のほうがプロの投資家よりも有利なのです。

資産運用をどう終えるか

多くの人にとって、資産運用の目的は、安心して老後を送るための資産を築くことです。**リタイアを迎え、資産を目標額まで築いたとしても、資産運用はある日突然終わるわけではありません。**「長期・積立・分散」のうち、「長期」と「分散」を残して、一定額を毎月取り崩していくことになります。

(6) 為替のリスクを減らす取引。

たとえば「60歳までに3000万円の資産を築く」という目標を達成したとして、60歳になって直ちに3000万円が必要になるわけではありません。60歳時点でまだ働いていれば、しばらくは「長期・積立・分散」の資産運用を続けられるかもしれません。仕事を辞めて収入がなくなった後は、生活費から国や企業の年金を差し引いた金額を、3000万円の金融資産から毎月支出していくことになります。

資産を取り崩すメリットは、一括で引き出すわけではないので、リタイア時点でたまたま株価が高いか低いか、円高か円安かに左右されずに済む、ということです。積立投資が株価や為替のリスクをある程度コントロールできるのと同じで、毎月取り崩しをすることで、株価や為替のリスクを和らげることができます。

これならリタイアした後も、長期にわたって資産運用を続けられます。資産を毎月少しずつ取り崩していっても、残りの資産についてはそのまま運用が続くので、老後の生活をより長い間支えられます。

妻の両親は数年前にリタイアしたので、毎月、プライベート・バンカーに運用資産を取り崩してもらっています。運用している資産が多いため、リタイア後も資産の額が増え続けています。つまり、運用で資産が増えるスピードが、取り崩しのスピードを上回っているのです。やや極端な事例ですが、「長期・積立・分散」の資産運用をリタイア後も続けていく効果の一例だと思います。

生活費に余裕がある間は「長期・積立・分散」の資産運用で資産を築き、**リタイア後は「長期・分散」で毎月取り崩しをしながら資産運用を続けていくのがいい**でしょう。

本章では、「長期・積立・分散」の資産運用を〝正しく〟運用する方法について解説しました。〝正しく〟運用する方法を知らずに飛び込むと、たいていの場合、資産運用で失敗を繰り返すことになります。

また、正しく運用する方法を知っていても、実際にすべてのステップを滞りなく行い続けるのはかなり困難です。次の第5章では、なぜ人間の脳が正しい投資運用の邪魔をしてしまうかについて解説します。

第5章
人間の脳は資産運用に向いていない

投資教育には限界がある

日本では「長期・積立・分散」の資産運用が根づいておらず、そもそも投資や資産運用になじみがある人は少数派だ——こうした問題提起をすると、「小さいうちから投資教育を行うべきだ」という意見をもらうことがよくあります。

確かに投資教育は大切だと思います。

たとえば、リスクとは何かについて学ぶことには意義があります。「高いリターンを追求するとリスクも高くなる」という原則を知っておくだけで、資産運用で取り返しのつかない失敗をする可能性を大きく下げられます。資産運用をするうえで、基本的な知識を身につけておくことはとても大切です。

しかし同時に、**投資教育だけでは限界がある**とも思います。すべての人が投資のことを隅々まで正確に理解することは難しく、そこに貴重な時間を費やしていいものかという疑問もあります。

私はINSEADというビジネススクールで金融工学を学んでいましたが、**MBA学生でも投資の概念を理解できていない**のではないか、と感じる場面にたびたび遭遇しました。

もっとも大切で基本的だと思われる「分散投資」の概念でさえそうでした。分散投資には、異なる資産を組み合わせることで、リターンはそのままリスクだけを下げるという特長があります。これは、リスクとリターンが表裏一体であるという投資の大原則の例外です。

金融工学の授業では、同級生の多くが、この理論を正しく理解できずにいました。たとえば、教授とMBA学生によるこんな押し問答もありました。

教授：「今あなたは米国企業500社に分散して投資をしているとしよう。運用資金の総額は変えずに投資先を500社から501社に増やすとして、ジンバブエ航空の株式を新たに購入するとする。ジンバブエ航空が実在するかどうか知らないが、ひとまず実在するということにしよう。さてジンバブエ航空に投資をすることで、投資全体のリスクは上がるだろうか、下がるだろうか」

ＭＢＡ学生：「投資のリスクは当然、上がります」

教授：「どうしてだね？」

ＭＢＡ学生：「ジンバブエ航空への投資は高いリスクがあるからです」

教授：「君はわかっていないようだね。いいかね、ジンバブエ航空の業績は、アメリカ経済の景気とはほぼ無関係だと言ってよいだろう。ジンバブエ航空は、ジンバブエという独裁国家の政策の影響を大きく受けるからだ。こう仮定した場合、ジンバブエ航空に投資をすることによって、投資全体のリスクは上がるだろうか、下がるだろうか」

ＭＢＡ学生：「リスクは上がります。ジンバブエの政治リスクも加わりますし」

教授：（首を振りながら）「いいかね。米国企業500社への投資に、ジンバブエ航空への投資を加えたら、リスクは下がる。これらの株価の動きが無関係だと仮定すれば、リスクが打ち消され合い、全体のリスクは下がる。これが分散効果だ」

MBA学生：「えっ!? もう一度説明してもらえますか？」

教鞭をとるかたわら、機関投資家のアドバイザーとしても大成功を収めていた教授は、しまいにはしびれを切らし、「理解できない人には理解できない」と身も蓋もないことを言い始める始末でした。

INSEADのMBA課程は、イギリスの経済紙『フィナンシャル・タイムズ』のビジネススクール・ランキングで、2016年と2017年の2年連続で世界1位に輝いています。(1) それでも私の肌感覚では、MBA学生の3人に1人は、金融工学の基礎でつまずいていたように思います。

（1）同ランキングの2018年の世界1位はスタンフォード・ビジネススクール。

金融工学を真剣に学ぼうとしているMBA学生ですら難しいのであれば、**多少の投資教育によってすべての人に投資を正確に理解してもらおうという試みは、現実的ではないよ**うに思います。

人間の脳が正しい行動を妨げる

MBA学生であっても投資を理解するのが難しい理由に、「人間の脳が投資に向いていない」ことが挙げられます。2002年と2017年にノーベル経済学賞を受賞した行動経済学でも、人間の直感が正しい投資行動を妨げてしまうことを示す、多くの研究が行われてきました。

いくつか例を見てみましょう。

多くの投資家は、第4章で説明した「リバランス」を自分で行うことができません。それどころか、正しいリバランスとは真逆の行動を取ってしまいます。**頭では「リバランス**

「安く買って、高く売る」という投資の基本

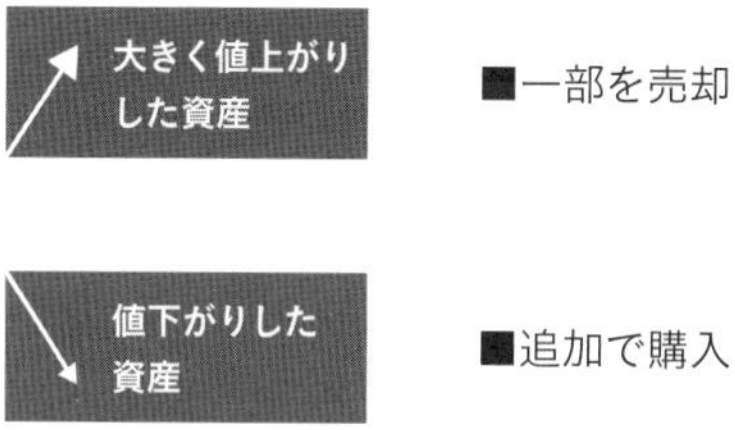

が必要だ」と理解していても、脳が行動を邪魔してしまうからです。

リバランスは、資産配分の最適なバランスを保つために行う取引のことでした。

たとえば株式70%、債券20%、残り10%の資産配分で、資産運用をスタートしていたとします。その後、株式の価格が大きく上がって資産全体に占める割合が75%に増え、債券の価格が下がって全体に占める割合が15%に減ったとします。このケースで、「株式70%、債券20%、残り10%」という最適なバランスを取り戻すには、株式を5%売って、債券を5%買えばいいことになります。

難しく感じる人もいるかもしれませんが、上図のように「安く買って、高く売る」("Buy low, sell high")とい

本来あるべきリバランスと正反対の行動を取りがち

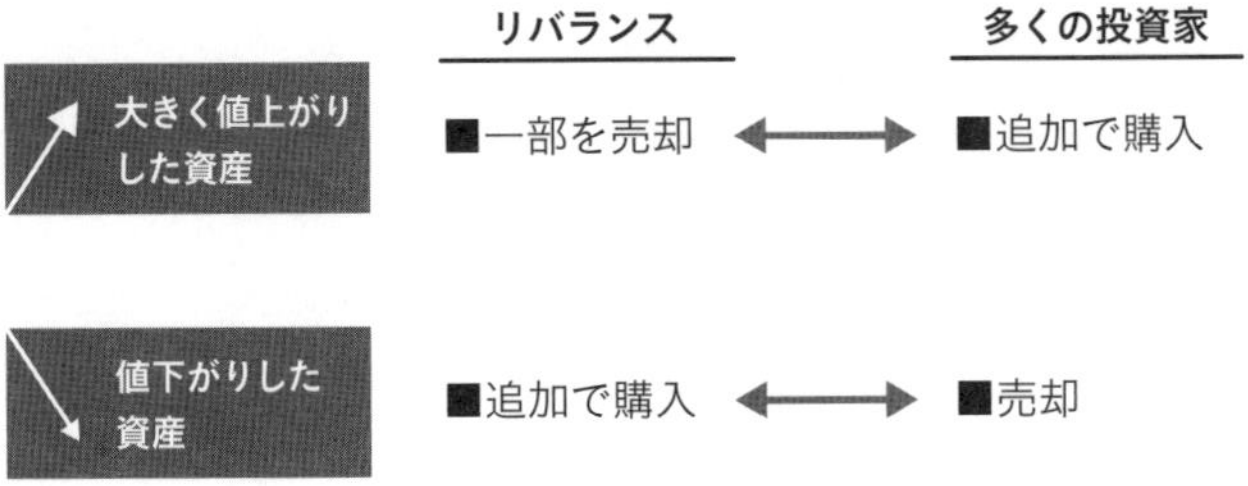

う投資の基本を行っているだけです。

ところが、現実に統計データを見ると、多くの投資家が真逆の行動を取っています[2]。

株式の投資信託が値上がりしていくと、「まだまだ上がりそうだ」と直感し、追加で買いたくなります。一方、債券の投資信託が下がっていくと、資産がどんどん減るのを怖いと感じ、追加で買うのをためらいます。それどころか「これ以上マイナスが膨らむのは嫌だ」と感じて売ってしまうかもしれません。

上図のように、**多くの投資家が行っているのは、本来あるべきリバランスとは正反対の行動**です。

冷静になって考えると、「安く買って、高く売る」(“Buy low, sell high”)という投資の基本の逆、「高く買って、安く売る」("Buy high, sell low")をしてしまっています。リターンが大きく下がるだけでなく、資産運用に失敗する可能性も出てきます。

これが、日常生活での買い物だったらどうでしょうか。

「今夜は鍋にしよう」と思ってスーパーに行ったところ、白菜が想定の2倍の値段だったらどうでしょうか。「1個のところを、2分の1個にしておこう」と、買う分量を減らすのがごく普通の行動です。一方、果物のコーナーで、旬のみかんが特売になっていたらどうでしょうか。いつもみかんを食べているなら、「安いからまとめて買っておこう」と思うかもしれません。

高いときに買い控えて、安いときに買い増すというのは、とても自然で合理的な行動です。誰にとってもごく普通のことで、実践するのは難しくありません。

(2) アメリカの投資信託のデータを見ると、株価が上がっている時期に資金が多く入ってきて、株価が下がるタイミングで資金が出ていきます。株価が高いときにもっと株価が上がることを期待して買い、株価が急落するとパニックになって売っています。アメリカでも多くの人は、高いときに買い増して、安いときに売っているのです。

それなのに、これが野菜や果物ではなく、投資信託などの金融商品だと、真逆の行動を取ってしまうのです。普段の買い物であれば冷静に行動できるのに、いざ資産運用となると、正しく行動できません。

その理由を詳しく探る前に、もうひとつの例を見てみましょう。

相場を正しく予測できても正しく行動できない

相場が上がっていくときになぜか買いたくなり、相場が下がっていくときになぜか売りたくなる。合理的とはいえないこの行動ですが、相場の先行きが見えないから怖さが先立つのでしょうか。仮に相場がどう動くかがわかっていたとすれば、「正しい行動」ができるのでしょうか。

ある条件のもとで、２人の個人投資家のどちらが高いリターンを得られるかを考えてみ

資産運用はいつ始めるべきか

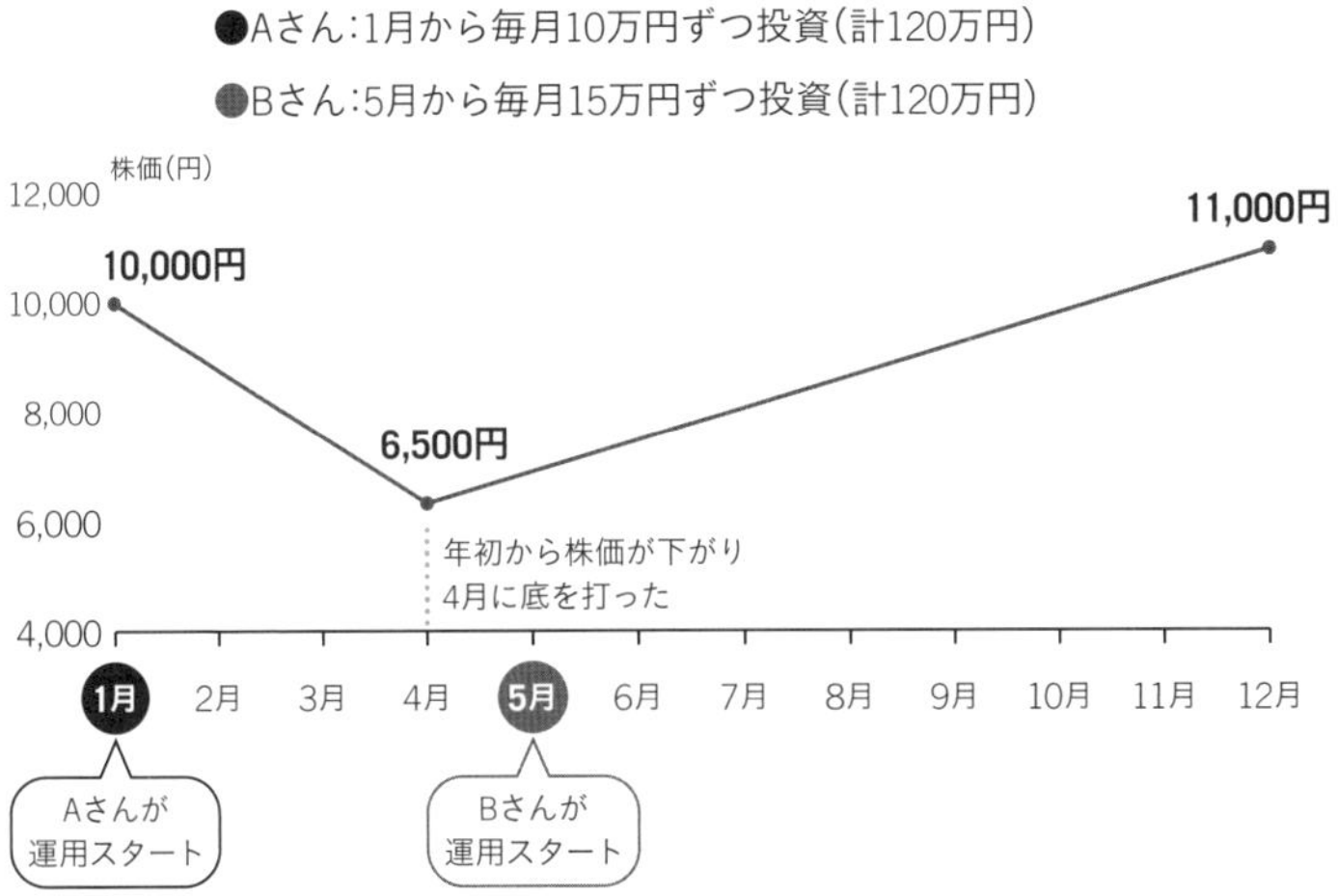

ましょう。

上図のように1月に1万円だった株価が下がり続けて4月に6500円となり、その後は上がり続けて12月に1万1000円になったとします。

Aさんは「相場は気にせずコツコツと投資しよう」と思い、1月から12月まで毎月10万円ずつ積み立てます。Bさんは「1月の株価は高すぎるから、しばらく様子を見て株価が下がったところでスタートしよう」と思い、4月に株価が底を打ったのを確認して5月から12月まで毎月15万円ずつ積み立てます。投資にあてたお金の合計(元本)は、2人とも120万円です。

さて12月時点で、AさんとBさん、どちらの資産が増えていたでしょうか？

多くの人は、「Bさんだ」と回答します。資産運用は、相場が下がりきってから始めるべきではないか、というわけです。

しかし、実際に計算してみると、資産が増えていたのは、相場が下がる前から投資していたAさんでした。12月時点で、Aさんの資産は154万円、Bさんの資産は149万円となりました。相場が下がる局面でも積立投資をし続けたAさんのほうが、安く投資できていた分、リターンも高くなったのです。

大切なのは、この問題に正解することではありません。設定を少し変えるだけで、正解が変わることもあります。

ポイントは、**多くの人が「Bさんの資産のほうが増えそうだ」と直感してしまう**ことにあります。平均の購入価格を比べるだけなので、実は計算すればすぐに答えはわかります。

エクセルが得意であれば10分ほどで正解にたどり着けるでしょう。しかし実際には、計算を一切せずにBさんを選ぶ人が大半です。**直感があまりに強く、冷静に計算して行動しようという思考を妨げる**のです。

脳は「損すること」が大嫌い

資産運用をするとき、なぜ直感があてにならないのでしょうか。それは、たとえ一時的にでも、**人間の脳が「損をすること」を極端に嫌う**からです。

AさんとBさんの問題でいえば、株価が1万円から6500円まで大きく下がるのは、誰にとっても怖いことです。このため、Aさんのように資産が下がるタイミングで投資し続けることに対し、普通は強い恐怖を覚えます。その後、相場が上がるとわかっていたとしても、その恐怖が和らぐことはありません。(3)

(3) 本稿で紹介した設例については、信州大学経営大学院客員教授の上地明徳先生より多大なアドバイスをいただきました。この場をお借りしてお礼申し上げます。

「個人投資家にとって、リバランスを行うことが難しく、逆の行動を取ってしまう」というのも同じ理由です。「安く買って、高く売る」のがリバランスです。しかし「値下がりした資産をもち続けていたら、下がり続けて損が膨らむのではないか」と感じ、リバランスを行うことができないのです。

行動経済学の研究では、**「損をすること」による感情の揺れは、「得をすること」による感情の揺れのおよそ2倍になる**といわれています。

何らかの理由で1万円を失ってしまったと想像してください。次に、何らかの理由で1万円を偶然手に入れたと想像してください。1万円を失ったときの心の痛みは、1万円を手に入れたときの喜びよりもずっと大きいのではないでしょうか。

「損をしたくない」という感情は、人間にとってとても自然な感情です。しかし、ごく自然なこの感情が、冷静な思考を妨げてしまいます。これが、人間の脳が資産運用に向いていない本質的な理由です。

資産運用のスタート直後ほど一喜一憂する理由

資産運用と人間の脳の関係について、もうひとつわかっていることがあります。それは、リターンがゼロ付近で動く、つまり元本付近でプラスとマイナスを行ったり来たりするときは、ほんのわずかな変化にも過敏に反応してしまうということです。

資産運用を始めて間もない頃は、リターンがプラスとマイナスを行ったり来たりしがちです。その度に一喜一憂すると、心理的に疲れ果ててしまいます。

たとえば100万円の元本が1万円増えて101万円になると、「資産運用をしてよかった！」と大きな喜びを感じます。逆に、100万円の元本が1万円減って99万円になると、「大丈夫だろうか？　始めるタイミングを間違えたのでは」と、大きな不安に駆られるでしょう。毎日のようにリターンをチェックしてしまうかもしれません。

リターンがある程度大きくなると、感情の揺れは小さくなります。100万円の元本が110万円になったとしましょう。110万円からさらに1万円増えたり、1万円減ったりしても、それほど大きな喜びや失望を感じないのではないでしょうか。

リターンがマイナスのときでも同じです。100万円の元本が90万円まで減っているときリターンが1万円増えて91万円になったり1万円減って89万円になったりしても、心はそれほど揺さぶられないはずです。資産がいわゆる塩漬け状態になっても、あきらめて放っておけるのはそのためです。

元本付近でリターンがプラスとマイナスを揺れ動くと、心もまた大きく揺さぶられます。リターンが元本から離れてくると、冷静さを取り戻せます。**心の揺れは、「長期・積立・分散」の資産運用を軌道に乗せるうえで、極めて大きな障害**になります。

あらためて、「長期・積立・分散」の資産運用を25年間続けたときのシミュレーションを見てみましょう（次ページ図）。

資産は25年間で約2・4倍になっており、順風満帆だったように見えます。しかし資産

「長期・積立・分散」の資産運用は最初が難しい

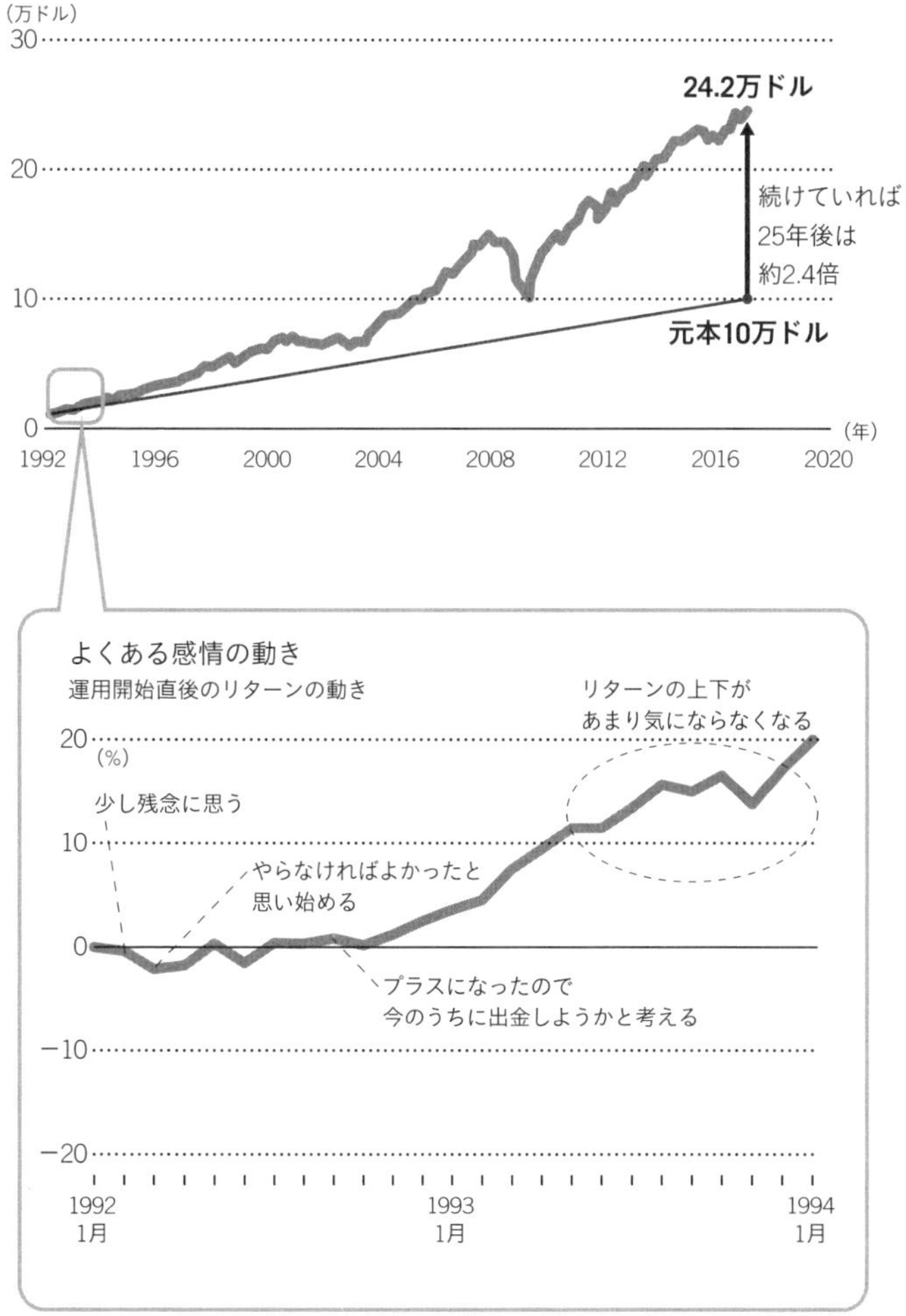

運用をスタートした直後をクローズアップしてみると、まったく別の様相を呈してきます。

図の下側、資産運用をスタートした直後の動きに注目してください。資産運用をスタートしてすぐにリターンがマイナスになり、元本まで回復したかと思ったらすぐにまたマイナスになっています。**プラスとマイナスの行き来は、半年以上**続いています。このシミュレーション通りに資産運用をしていたら、最初の半年は一喜一憂していたかもしれません。

一喜一憂することに疲れた頃、リターンがプラスになると、利益を確定（利確）させようという人が出てきます。「もうこれ以上マイナスになるのを見たくない。利確してしまおう」と資産運用をやめてしまうのです。最初の苦しい時期を乗り越えられなかったがために、将来の大きなリターンを失うことになります。

気を取り直して資産運用を再開しても、振り出しに逆戻りです。資産運用を始めたばかりだと、リターンはプラスとマイナスを行き来しやすく、また一喜一憂することになります。

25年間のシミュレーションでは、最初の苦しい時期を乗り越えて資産運用を続けると、プラスのリターンが大きくなっていきました。こうなると、資産が1％増えたり減ったりしても、心の揺れは小さくなるでしょう。残高を確認する頻度も減り、短期的な資産の増減はあまり気にならなくなるはずです。

資産運用を始めたばかりの苦しい時期を乗り越えることが、「長期・積立・分散」の資産運用を成功へ導きます。長い目で資産を見守りましょう。

リーマン・ショックでは「何もしない」が正解だった

前項で述べた通り、「長期・積立・分散」の資産運用は、スタートして早々に、苦しい時期にぶつかります。それを乗り越えると、リターンが安定し、落ち着いて資産運用をすることができるようになります。

しかし金融危機が発生すれば、リターンが大きく失われ、普段は冷静な投資家もパニックになります。近年のもっとも極端な事例が、リーマン・ショックでした。**多くの投資家がパニックに陥り、リーマン・ショック後に株を売って、株よりもリスクの低い債券や金、現金などに移した**ことがわかっています。

前述の通り、アメリカ人である私の妻の両親も、パニックに陥りました。妻の両親は1990年代からプライベート・バンクで「長期・積立・分散」の資産運用を続けており、幾度かの金融危機を乗り越えてきました。しかし、さすがに株価が3割も下落し、悲観論に満ちたメディアに日々接していると、資産運用をやめたほうがいいのではと思うようになりました。

待ったをかけたのが、彼らが信頼し資産運用を長年任せてきたプライベート・バンカーでした。妻の両親は、次のような助言をもらったそうです。

- 過去の金融危機でも株価は大きく下落したが、やがて回復している
- 今回も一時的な下落であるなら、損失も一時的なものに留まる
- 株価が大きく下がっている今売ると、一時的であるはずの損失が確定してしまう

●手元のお金に余裕があれば、割安で追加投資をする大きなチャンス

妻の両親は、さすがに追加投資をする勇気はなかったものの、プライベート・バンカーを信じ、資産運用をやめないことにしました。すると株価はますます下落し、やがて資産の評価額は下がり、ますます不安が募ります。腹をくくって様子を見ていると、ご存じの通り株価は上向き、2年後にはリーマン・ショック前の水準に戻りました。リーマン・ショックから9年経つと株価は元の水準の2倍以上になりました(4)。

プライベート・バンカーは、「損をしたくない」という妻の両親の感情を上手にコントロールし、「長期・積立・分散」の資産運用を成功に導いてくれました。助言がなければ、妻の両親はパニックのあまり資産運用をやめ、20年近く続けてきた資産運用の成果をふいにしてしまったでしょう。

もちろん、助言を無視して、資産運用を中断していたとしても、その後、資産運用を永

(4)実際にデータを見てみると、2008年1月の株価(もっとも代表的な株価指数であるS&P500、配当込み)の水準に対し、リーマン・ブラザーズが経営破綻した翌月の10月末に株価は約30%下落しました。さらに、09年3月には、当初の半分まで下がりました。株価は徐々に回復し、11年1月末には08年1月と同じ水準に戻ります。その後も上がったり下がったりを繰り返しながら、リーマン・ショックから9年後の17年9月末にはリーマン・ショック前の約2・2倍になりました。

遠に再開しないということはなかったとは思います。底値で再開できるようならリターンも高くなりますが、底値で資産運用を再開できるくらいなら、そもそもパニックに陥ることもありません。

リーマン・ブラザーズの経営破綻を見て株価が約30％下がったタイミングで資産運用を中断し、その後、株価がリーマン・ショック前の水準に戻った2011年1月くらいのタイミングで再開するのが現実的ではないでしょうか。その場合には、2017年9月末には資産はリーマン・ショック前の約1・6倍となります。これは、アドバイザーの助言に従って何もしなかった場合と比べると、約30％低い水準です。やはり、助言に従って何もしなかったのが正解だった、ということになります。

金融危機を予測するのは難しい

リーマン・ショックで株価は急落し、その後大きく回復しました。「リーマン・ショックの前に売り抜けていたら」「リーマン・ショックの後、底値で投資できていたら」と思う人もいるのではないでしょうか。

現実にそんなことができた投資家は、ほとんどいませんでした。リーマン・ショックが起こる前に株を買い、起こってから売る人が大半でした。個人投資家だけでなく、投資のプロも同じでした。

投資信託の運用会社は、リーマン・ショックの前に株を売って現金に換えておき、リーマン・ショックのさなかに株を買えば、大きなリターンを上げられたはずです。しかし実際には逆の行動を取っていました。また、リーマン・ブラザーズ、メリルリンチ、モルガン・スタンレーなどの投資銀行は、リスクを減らすどころかどんどん増やし、経営破綻するか、破綻の寸前まで追い込まれました。

一方、リーマン・ショックが起こる前に資産配分を変えてリスクを減らしたのが、JPモルガンでした。**投資のプロの間でも、金融危機が起きるか起きないかの見立ては、大きく分かれた**のです。(5)

(5) マイケル・ルイス『世紀の空売り――世界経済の破綻に賭けた男たち』(文藝春秋、2010年)

見立てを外した側は大きな批判を浴び、当てた側は見事だと称賛されました。しかし、当てた側とて、どれほどの確度で金融危機を予測していたでしょうか。仮にリーマン・ショックが起こらなければ、リーマン・ブラザーズをはじめ破綻した金融機関は今頃、金融市場を闊歩していたでしょう。**金融危機を予測すること、いざ金融危機が発生したときに正しく行動することは投資のプロでも難しい**といえます。

テクノロジー誌『MIT Technology Review』の記事[6]によれば、ゴールドマン・サックスのニューヨーク本社で株式売買システムの自動化を進めたところ、2000年に600人いたトレーダーが17年時点で2人になりました。一方、自動取引プログラムなどの開発をするエンジニアは9000人と、従業員の3分の1を占めるまでになりました。

金融のプロの世界では、知識も経験もあるトレーダーが取引するより、あらかじめ組み込まれたプログラム通りに行う自動取引が選ばれ始めています。**人間の脳がそれほど感情に左右されやすく、投資に向いていない**ことの裏返しといえるでしょう。

富裕層が資産運用をプロに任せる本当の理由

富裕層が自分で資産運用をせず、プロに任せる理由を考えてみましょう。

資産運用を代々プロに委ねてきた**富裕層は、自分が資産運用のプロではないということをよく知っています。**人間の脳が資産運用に向いていないということも経験値からわかっています。彼らは自分の判断で資産運用をせず、プライベート・バンカーに任せることで、感情による失敗を未然に防いでいます。

アメリカ人の妻の両親も、資産運用をプライベート・バンカーに任せています。イリノイ州の検察官を務めていた義父は日曜大工が得意で、空調の修理や浴室のタイルの張り替えまで自分で調べてやってしまいます。しかし義父は、自分の金融リテラシーは高くない

(6) MIT Technology Review, "As Goldman Embraces Automation, Even the Masters of the Universe Are Threatened", February 7, 2017. この件については、株式トレーダー全員がアルゴリズムに置き換えられたかのように報道されることが多いのですが、今のところは、顧客による株式の売買を取り次ぐ株式トレーダーが中心です。とはいえ、自己勘定取引を行う株式トレーダーが、アルゴリズムやそれを開発するエンジニアに取って代わられるのは時間の問題だといわれています。

とわかっているので、資産運用だけは自分で調べたり実践しようとはしません。

資産運用をするには、膨大な手間や時間がかかります。私はマッキンゼー時代、妻の両親の資産配分を見せてもらったときに、「ネット証券を使えば、コストを今よりかなり抑えて同じ資産運用ができる」と説明しました。数億円の資産に対し、年間0・75%の手数料を払っていたので、自分で資産運用をすれば、年に数百万円の手数料を節約できることになります。誰でも買えるETF（上場投資信託）が中心のシンプルな資産配分だったので、私の言ったことは決して誇張ではありませんでした。

ただ、実際に投資信託を自分で買いつけ、バランスを見ながら追加投資し、長期にわたって管理していくというのは現実的ではありません。

投資が趣味というわけでもない限り、**富裕層は資産運用をプロに任せてしまいます。仕事にあてたり家族と過ごすなど、もっと大切なことに自分の時間を使うべきだと考えるから**です。妻の両親も、ネット証券を使ってみずから資産運用をするのではなく、それまで通り、年間0・75%の手数料を払って、プロに頼むという道を選びました。

コラム

スイスのプライベート・バンカーが明かした、富裕層の悩みごと

富裕層向けの資産運用サービスとして長い伝統を誇るのは、なんといってもスイスのプライベート・バンクです。スイスのプライベート・バンクは、過去数百年にわたって、ヨーロッパ中の富裕層の資産運用を任されてきました。スイス憲法の下、厳格な守秘義務が課せられていることでも有名です。

私がビジネススクールで銀行経営の講義を取っていたとき、共同論文を執筆したパートナーがスイス人のプライベート・バンカーでした。あるとき彼から、富裕層向けの資産運用の実態について教えてもらいました。

「プライベート・バンクは、特別な資産運用を提供しているの？」と聞くと、彼は少し考

えた後、「資産運用のクオリティはとても高いけれど、それ自体が特別ではない」と答えました。

「特別な金融商品は、お客様から求められればもちろん用意するよ。ヘッジファンドに出資したいということなら、たとえば一口5億円で特別なルートで紹介できる。ただ、われわれからは勧めることはない」

「どうして？」

「お客様は、そんなことを求めていないから。**富裕層は『資産を守ること』をいちばんに考えている。**ヘッジファンドに出資して、ラッキーだったらリターンが増えるけれど、資産が大きく減ってしまうリスクもある。多くのお客様はそのリスクを取りにいかない」

彼によれば、プライベート・バンクの発祥の地であるスイスでも、富裕層向けの資産運用は非常にシンプルです。余計な投資をしないことで予期せぬ損失を避け、世代を超えて富裕層の資産を守り、増やしているのです。

「資産を守り、増やすのが目的だから、教科書通りの長期的な分散投資が基本。われわれ**スイスのプライベート・バンカーにとって最大の栄誉は、今の世代だけでなく、その子や孫へと、世代を超えて資産運用を任せられること。**それこそ、最大の信頼の証だからね」

彼は「そもそも、**資産運用についてお客様と話すこと自体少ない**」と続けました。

「富裕層のお客様がプライベート・バンカーに本当に相談したいのは、資産運用のことじゃないんだ。**悩みのほとんどは、事業を誰に継がせるか、子どもの教育をどうするか、**など資産運用以外のこと。

資産をたくさんもっていると誰を信頼していいかわからなくなって、率直に悩みを打ち明けられる相手がいないことが多い。だから僕たちプライベート・バンカーが『信頼できる相談相手（trusted advisor）』の役割を果たさないといけない。秘密を漏らさない話し相手という存在に価値があるんだ」

資産運用でお金を守る。真剣に悩むのは資産運用以外のこと。スイスのプライベート・バンカーから聞いたこのエピソードは、資産運用サービスの本質をついていると思います。

第6章
テクノロジーが
実現する
豊かな未来

「スーツはジーンズの敵」

「スーツはジーンズの敵ですから」

起業の準備をしていたとき、ある企業のＣＴＯ（最高技術責任者）からこう言われて、私は強くショックを受けました。

当時、私は伝手《つて》を頼ってさまざまな企業のＣＴＯに会い、「世界水準の資産運用を自動化する」という事業のアイデアを説明して回っていました。サービスづくりにはエンジニアの力が不可欠と聞き、手伝ってくれそうなエンジニアを紹介してもらいたかったからです。会う人会う人が「素晴らしいアイデアですね」「応援しています」と言ってくれました。しかし、「応援」の言葉をもらっても、サービスはつくれません。私は途方に暮れていました。そんなとき、高校の同窓生でもある冒頭のＣＴＯが、おそらく思い切って助言してくれたのです。

「柴山さん、エンジニアを探しているんでしたら、いかにも財務省、マッキンゼーみたいな服装はやめたほうがいいですよ。スーツはジーンズの敵ですから」

スーツを着ていた私は、一瞬、何を言われたのかわかりませんでした。次に、「敵」という言葉の強さに驚きました。ジーンズ姿の彼にかろうじて礼を言って別れ、その足でユニクロへ行きました。

しかし、ジーンズがエンジニアを集めてくれるわけではありません。ポケットに入れて青く染まったスマホを見ながら、言われたことの意味をあれこれ考えました。

私は今、新しいサービスをつくるためにエンジニアを探している。しかしその私は、どうやってサービスをつくるかわからず、経験もない。まずは自分自身が「ものづくり」に挑戦しなければならないのではないか——。

マッキンゼーを退職して背水の陣でものづくりに挑戦しようと決めたとき、周りの反応は当惑に満ちたものでした。

「それは君の強みではないだろう？」
「エンジニアを雇えばいいじゃないか」

そんな中、もろ手を挙げて賛成してくれた人がいました。
「金融とＩＴで起業するなら、自分でコードが書けるようになることは絶対に必要。ボストンに留学している娘にも、プログラミングを勉強するように言っているよ」
当時、マッキンゼーの日本支社長だったジョルジュ・デヴォー氏は、私の背中を強く押してくれました。

私は渋谷のプログラミング学校「TECH::CAMP」の門をたたきました。周りの受講生は自分よりずっと若く、講師陣の多くが大学生です。

結論からいうと、私はひと月でロボアドバイザー「ウェルスナビ」のプロトタイプを完成させることができたのですが、このひと月は、財務省やマッキンゼーで過ごしたどの場面と比べても過酷でした。

プログラムは少しでも間違っていると動きません。スペースやカンマがひとつ多いだけでぴくりとも動かず、「これくらいすぐできるだろう」と思ったことが半日かかってもできません。マッキンゼーを辞め退路を断っているだけに、画面上に大きく表示されるエラー・メッセージを見ていると、焦燥のあまり胃が痛くなりました。

逆に、「こんなに複雑なことが実現できるのだろうか」と思うようなことがプログラミングで簡単に実現できてしまい、驚かされることもありました。

私がプロトタイプを作っていると、同級生や講師が「面白そうなことをやっていますね」と、集まってきました。気づけば数人が手伝ってくれるようになり、いつの間にかチームができていました。幾人ものCTOにプレゼンしてもできなかった、「ものづくり」のチームです。

振り返れば、私はこのひと月でスーツの世界とジーンズの世界の違いに気づいたのだ、と思います。エンジニアの感覚をすべてわかったつもりはなく、その世界を垣間見たというのが正確なところです。しかし、「ものづくり」の苦しみと喜びを肌で感じられたこと、**スーツの世界の感覚でエンジニアの世界を理解しようとしてはいけない**と知ったことは、大きな収穫でした。

ウェルスナビは、これまでにない金融サービスを生み出し、進化させていくために、「ものづくりする金融機関」であることを目指しています。それは、スーツとジーンズという異なる文化を融合させようという、日本はもちろん世界的に見ても先駆的な試みです[1]。

お互いの価値観や行動様式の違いを理解しながら、共通の目標に向かって努力し続けることは、大きなストレスを伴います。だからこそ自覚的に、金融機関として「ものづくり」にこだわり続けているのです。

テクノロジーの力で誰でも富裕層と同じ資産運用を

ロボアドバイザー「ウェルスナビ」は、「長期・積立・分散」の資産運用を全自動で行うサービスです。

世界水準の資産運用はこれまで、海外の機関投資家や富裕層だけが実践できるものでした。個人がプライベート・バンクを使って「長期・積立・分散」の資産運用を行うには、2億～3億円以上の資産が必要でした。

これを誰でも使えるようにしたのが、テクノロジーです。

資産運用のアルゴリズムは、10兆円でも、10億円でも、10万円でも、それこそ500円でも同じように使えます。あくまで数式であり、代入する数字はなんでもよいのです。

私はマッキンゼー時代、ウォール街に本拠を置く10兆円規模の機関投資家をサポートし、資産運用のアルゴリズムを設計しました。アメリカ人の妻の両親は、30年近くにわたり、富裕層向けのプライベート・バンクに資産運用を任せてきました。マッキンゼーもプライベート・バンクも、特別な投資方針があったわけではなく、基本的に同じ仕組みで資産運

(1) 2017年7月、ウェルスナビはCB Insights主催の "Future of Fintech 2017" において、世界のフィンテックをリードする250社(資産運用分野では18社)に選ばれました。https://www.cbinsights.com/research/fintech-250-startups-most-promising/

用を行っていました。

それではなぜ、限られた層しかアルゴリズムを使えなかったのでしょうか。そこには、ビジネスモデルの問題がありました。

仮にプライベート・バンカーが一人で年間２０００万円を稼ぐ必要があるとしましょう。きめ細かいサポートをするには顧客の数は20人が限界で、一人あたり１００万円の売り上げが必要です。手数料が１％だとすると、預かり資産は1億円です。実際にはオフィスの賃料、監査や法務、システム費用などが追加で発生します。事業として成立するには、顧客一人あたりの預かり資産が2億～3億円は必要で、富裕層に限定したサービスとなってしまいます。

ビジネスモデルの問題は、コストを下げることで解決できます。**テクノロジーを最大限に活用し、クオリティを保ったままコストを下げれば、富裕層でなくとも世界水準の資産運用サービスを使える**というわけです。

「ウェルスナビ」や世界のロボアドバイザーは、一人ひとりの投資家と世界の金融市場をシステムでつないでいます。そのシステムには、海外の機関投資家や富裕層向けの資産運用サービスと同じ水準のアルゴリズムを搭載しています。

これまで富裕層でないと利用できなかった資産運用サービスが、テクノロジーによって誰でも利用できるようになる――。これは、テクノロジーが可能にした「資産運用の民主化（democratization）」です。

AIは資産運用の未来をどう変えるのか

ここまでは、テクノロジーの活用で、富裕層レベルの資産運用を誰でも使えるようにするという、現在の取り組みについて説明してきました。

ここからは、未来の話をしようと思います。

人工知能（ＡＩ）が担っているのは、データ処理の自動化です。あるデータが入力され

ウェルスナビのアルゴリズムの概念図

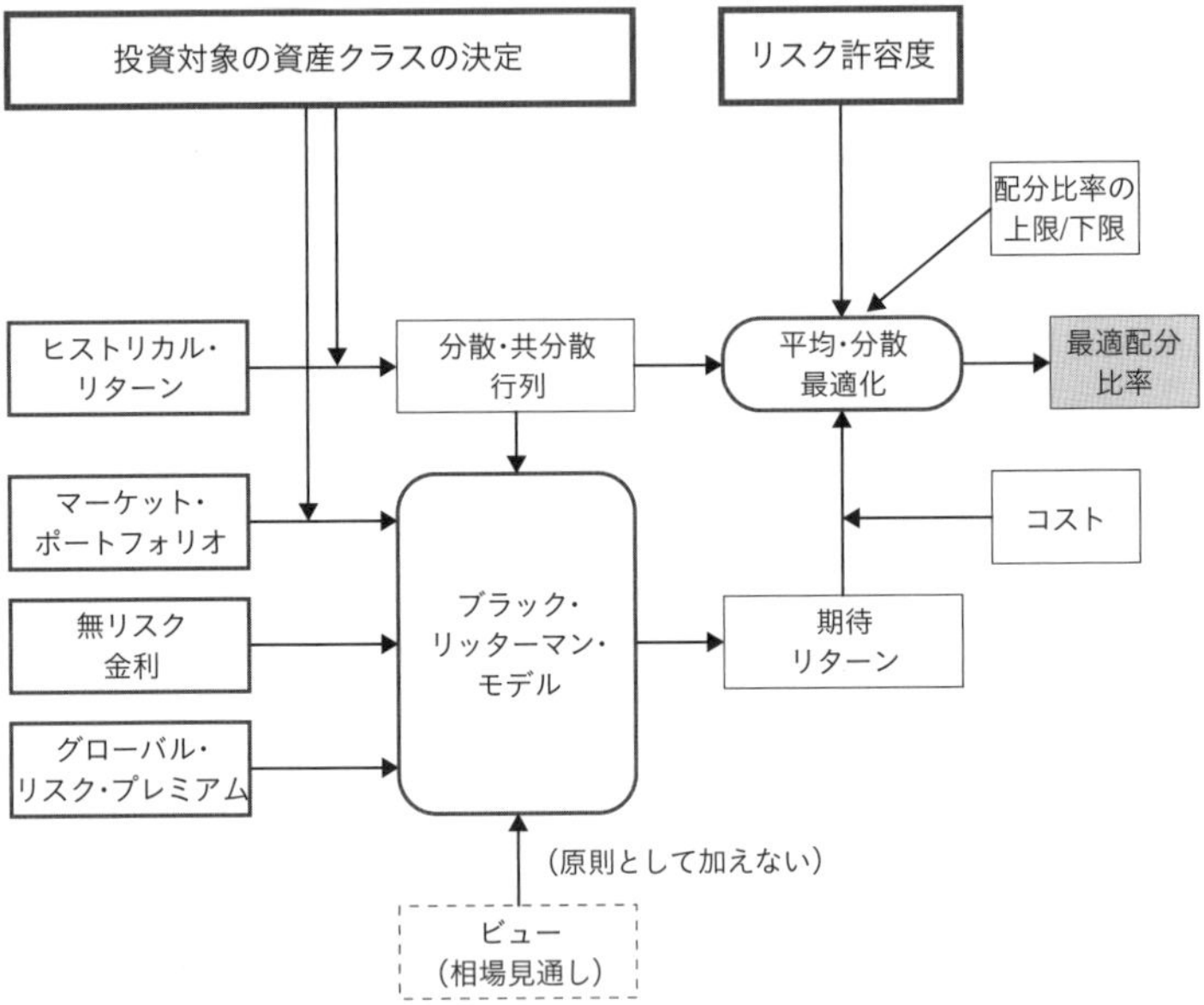

ると自動的に結果が出力されるというものです。もっとも単純なものは電卓で、「1+2」と入力すると「3」が出力されます。

上図は、ロボアドバイザー「ウェルスナビ」のアルゴリズムの設計図の一部です。さまざまなデータ処理が連結されていることがわかるかと思います。一連のデータ処理の中には、人間が自分で計算していたら、一生かかっても終わらないほど複雑なものも含まれています。

AIの本質は、データ処理とその改善の自動化

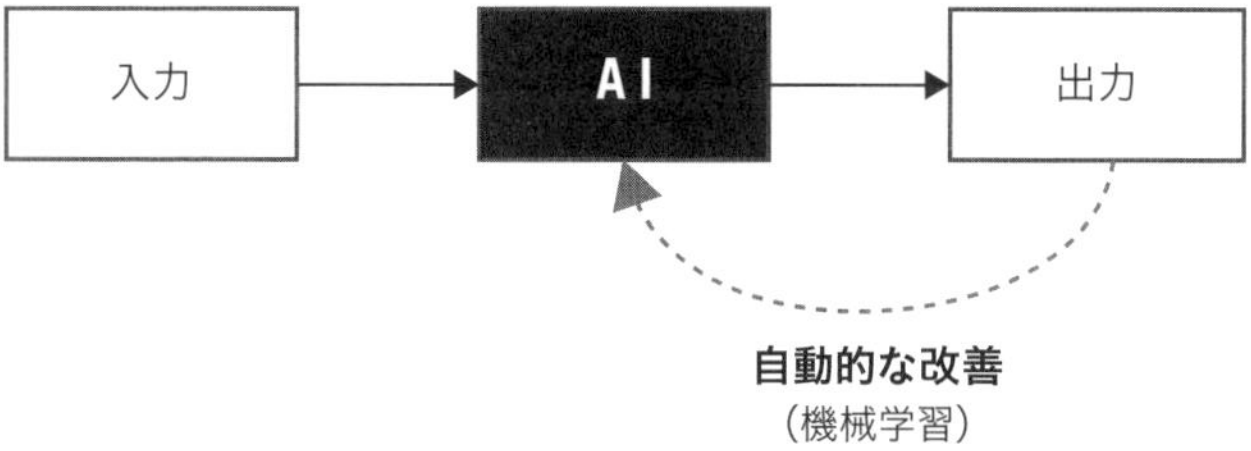

しかし、ＡＩと呼ばれるには、これだけでは足りません。「ウェルスナビ」は「ロボアドバイザー」ですが、まだ「人工知能（ＡＩ）アドバイザー」ではありません。そうなるには、データ処理の仕組みをＡＩがみずから改善できるようになる必要があります。

「ウェルスナビ」もそうですが、今は人間が、データ処理によるアウトプット（出力）を観察し、よりよい結果を出せるよう仕組みを改善しています。そうした改善を上図のように自動的に行えるようになれば、まさしく、〝みずから学習する〟ＡＩと呼ぶにふさわしい存在です。

データ処理をみずから改善するには、アウトプット（出力）の質を判定する能力が必要です。

資産運用の世界では、アウトプット（投資判断）の結果

資産運用では運用やアドバイスがAI化していく

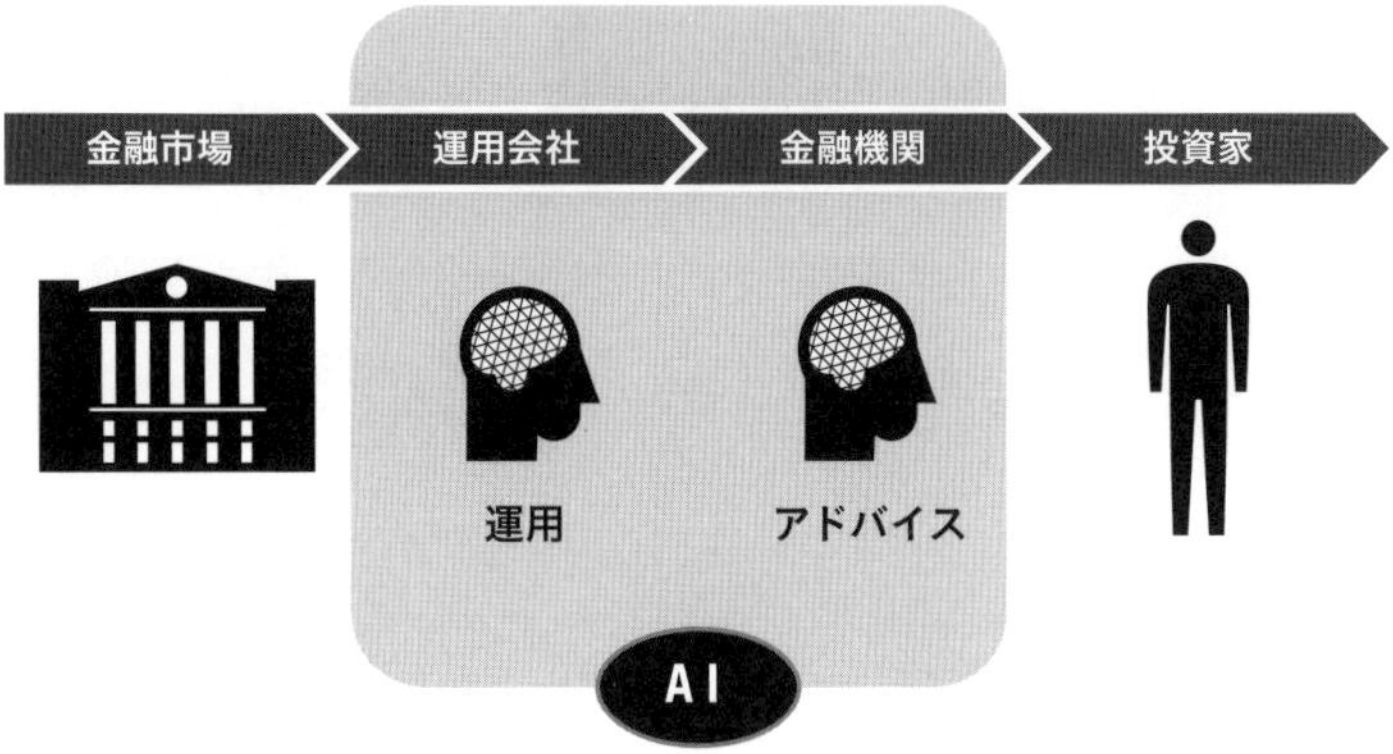

としてのリターンが向上するように、ＡＩを学習・進化させていくことになります。こうした運用面に加え、ＡＩは資産運用を始める際の提案や始めた後のアドバイスでも活用されるようになります（上図）。

よいアウトプット（出力）には、入力するデータの質と量も重要です。「ビッグデータ」と呼ばれる、従来のデータ処理の仕組みでは処理しきれないほど多大で複雑なデータが収集されています。アップル、アマゾン、グーグル、フェイスブック、マイクロソフトなど、現在、世界最大規模の時価総額を誇る企業がいずれも、世界最大規模のビッグデータを有しているのは偶然ではありません。

AIがあなたのプライベート・バンカーに

近い将来、AIが、私たち一人ひとりのいわばプライベート・バンカーになる日がやってきます。AIが一人ひとりに合わせた最適な資産運用を自動的に行い、私たちはそれを時々チェックし、方向性について指示するだけで済むようになります。資産運用を始めるときだけでなく、始めた後のフォローアップでも活用されるでしょう。

富裕層にとって、専属のプライベート・バンカーはとても頼りになる存在です。

たとえば世界的に株価が大きく下がると、多くの人はパニックに陥ってしまいます。「放っておけば、もっと損をしてしまうのでは」と感じて、狼狽《ろうばい》のあまり資産を売ってしまうこともあります。しかし冷静に考えれば、これでは最悪のタイミングで安く売ってしまうことになります。

もしプライベート・バンカーから、「むしろ追加投資をするいいタイミングですよ。それができなくても、せめて、これまで通り積立投資を淡々と続けてみてはどうですか」とアドバイスをもらえば、たいていの人は落ち着きを取り戻して「このタイミングで売るのは合理的ではない」と気づくでしょう。

プライベート・バンカーは誰にでも同じアドバイスをするわけではありません。同じ5億円の資産をもち、同じ年齢で、同じくらいのリスクを取って資産運用をする富裕層の顧客が数人いたとして、どんなタイミングで、どんなアドバイスをどんなふうに行うかは、相手の反応次第で変わってきます。

ある人には、論理的に説明するのがいちばんいいかもしれません。またある人には、「ほかの人たちはこのように資産運用をしていますよ」と言ったほうが話を聞いてもらいやすいかもしれません。さらに別の人は、自分で調べるタイプで、どのような質問にもスピーディーに的確に答えていくことが大切かもしれません。

コミュニケーションの好みもさまざまで、実際に会って話をすることを大切にする人もいれば、隙間時間にチャットでやりとりするほうが効率的で好ましいという人もいます。

アドバイスを本当に理解してもらったかを把握するには、顧客の行動も観察する必要があります。資産運用における〝正しい行動〟は直感に反することが多いので、話をしたときは「なるほど」とうなずいていても、心理的な罠に陥って非合理的な行動をしてしまう顧客もいるでしょう。顧客の行動をつぶさに観察していれば、紋切り型でない、有益なフォローアップができます。

このようにきめ細かなサポートをしていると、**プライベート・バンカーは、1人につき20人程度の顧客に対応するので精一杯**です。**この壁を乗り越えるのが、AI**です。近い将来、AIはプライベート・バンカーに代わる存在として私たちをサポートしてくれるでしょう。

2017年秋から、ウェルスナビは日本のAI研究をリードする東京大学の松尾研究室と共同研究を実施し、2018年6月の人工知能学会では共著論文の発表も行いました。株式市場などの金融データと、ユーザーの属性データ、さらには資産運用を開始してから

AIがあなたのプライベート・バンカーに

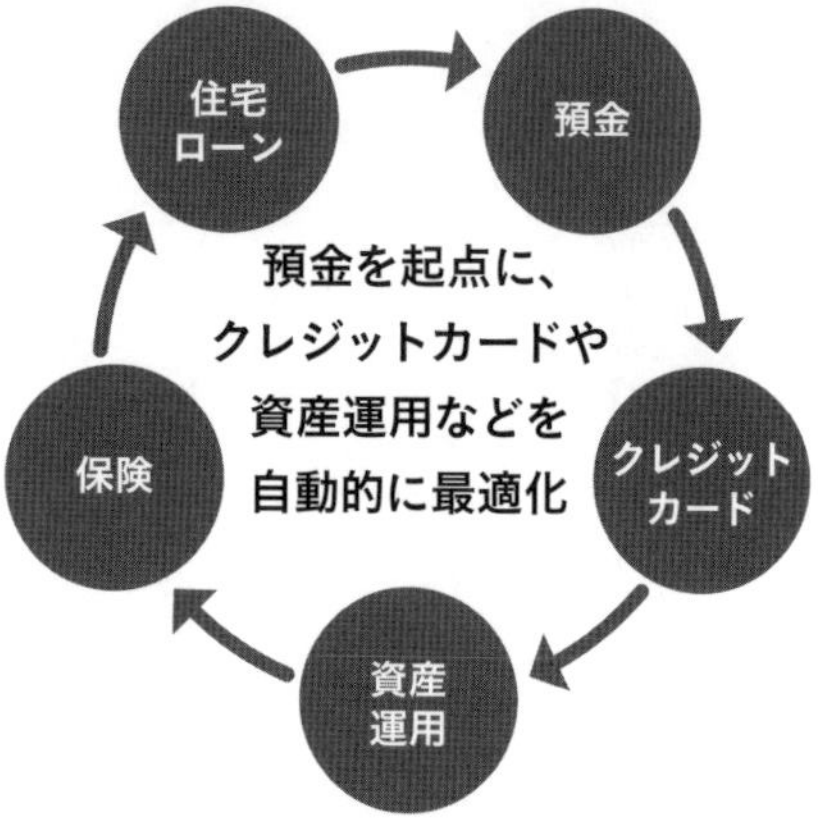

の行動データを突き合わせ、ＡＩが一人ひとりに合った資産運用のアドバイスを行う素地を作っています。

ＡＩが資産運用をサポートするようになると、次は、「一定の金額を銀行預金として残しておき、残りは資産運用に回す」といったこともお願いできるようになるでしょう。クレジットカードを使いすぎた場合には、資産運用に回す金額を一時的に減らしつつ、無駄遣いを減らす方法をアドバイスしてくれるかもしれません。余剰資金ができたとき、住宅ローンを繰り延べ返済するのと資産運用に回すのと、どちらが得かといった問いにも、ＡＩが合理的に答えてくれるでしょう（上図）。

誰もが安心して資産運用を任せられる社会では、**どのアドバイザー（人間やAI）に依頼するか、どのような方針で資産運用をするかだけを決めればよい**ことになります。資産運用についての悩みから解放され、取引に時間を費やすこともありません。そこから生まれる精神的なゆとり、時間的なゆとり、経済的なゆとりは、より豊かな人生を歩み、より豊かな社会を築くために活用できることでしょう。

「昔は、自分で資産運用をしていた時代があったらしいよ」

実際に資産運用の世界にＡＩが使われるようになるには、今後たくさんのハードルを乗り越える必要があります。この状況は、１９７０年代のパーソナル・コンピュータの黎明期に似ています。

当時、コンピュータは、大手企業や大学などでごく一部の人だけに利用されていました。

というのも、自分でCPUやメモリ、モニターなどの部品を買い、組み立てなければならなかったからです。彼らはコミュニティを作って活動していましたが、世の中を大きく変える力はもっていませんでした。

そんなある日、大学を中退してテクノロジー企業で働いていたひとりの青年が、「Apple I」と呼ばれる完成品のパーソナル・コンピュータを販売しました。台数は200台と少ないながらも、その多くが1年以内に売れていきました。「誰でもコンピュータを使える未来」というビジョンを掲げたスティーブ・ジョブズのビジョンは、一部の人々から熱狂的な支持を得たものの、2つの批判を浴びました。

ひとつは、誰もがコンピュータを使う未来など来るわけがない、という批判です。当時はコンピュータの価格も高く、「Apple I」の後継機の「Apple II」は現在の貨幣価値で5000ドル以上もしました。コンピュータで実現できることも限られており、たとえばカフェに持ち込みネットに接続して音楽を聴く、というようなことはできませんでした。

もうひとつの批判は、すでにコンピュータを使っていた人々から上がりました。

彼らは「コンピュータは自分で組み立てることにこそ喜びがある」「自分で組み立てたほうがカスタマイズもしやすく安上がりだ」と強く批判しました。しかしジョブズが「Apple Ⅰ」を作ったのは、すでに自分でコンピュータを組み立て使っているごく一握りの人々のためではありません。これまでコンピュータを使ったことがない、大多数の一般の人々のために作ったのです。

それから40年ほど経ち、今ではコンピュータは先進国だけでなく新興国にも急速に普及しています。私たちが今使っているコンピュータやスマートフォンは、当時のスーパーコンピュータと同等の性能を備えています。「ひとりでも多くの人たちに届けたい」というジョブズのビジョンが実現したのです。

同じような変化が、AIを使った資産運用サービスでも起こっていくはずです。

老後に備えて資産運用をすること自体になじみがなければ、今の時点でその将来性に懐疑的になるのは自然なことです。長年、自分で学びながら苦労して投資をしてきた人の中には、自分で投資をせずにAＩに任せるなんてとんでもないと感じる人もいるかもしれません。

ＡＩを使った資産運用サービスは、資産運用の必要性をなんとなく感じながらも一歩踏み出していない大多数の人々のためのサービスです。ウェルスナビも「ひとりでも多くの人たちに届けたい」という思いでサービス開発に取り組んでいます。

今から数十年後、私たちはこのように言うことになるかもしれません。「昔は、自分で資産運用をしないといけない時代があったみたいだよ。だから、ほとんどの人たちは、資産運用をできなかったんだ。今からはとても想像もつかないけれど」と。

ＡＩが資産運用をしたら、株式市場が不安定になる？

ＡＩによる資産運用が実現すれば、資産運用の民主化が実現します。

一方で、ＡＩによる資産運用が活発になると株式市場が不安定になるのではないか、という懸念もあります。

資産運用は民主化されるが、懸念も

AI化のメリット

- 資産運用の民主化（富裕層 → 一般層）
- 情報の非対称性の解消

↔

想定される懸念

- 相場急変時の価格変動を増幅し、株式市場が不安定に？

２０１８年２月にアメリカの株式市場で株価が大きく下がったとき、複数の専門家が「アルゴリズムが一斉に売りに回ったことで、下落幅が大きくなったのではないか」という見解を示しました。こうした事例も踏まえ、将来、ＡＩによる資産運用が普及すれば、株式市場が不安定になるという見方があります（上図）。

しかし、これらの見解には「すべてのＡＩが同じような動きをする」という前提があり、そのような前提は決して現実的ではないように思います。

確かに、すべてのＡＩが同じような動きをすれば、金融市場はいわば支配され、相場は乱高下することになります。

すべてのＡＩが同じように行動する社会は、ハリウッド映画の世界のようで想像力を刺激します。ただ実際には、全世界の資産運用が同じようなＡＩに支配されるシナリオよりも、**さまざまなＡＩが乱立するシナリオのほうが可能性として高そう**です。

生命は進化を繰り返し、爬虫類や哺乳類など、いろいろな種に分化していきました。ＡＩも学習を繰り返して進化する中で、さまざまなタイプに分かれていくと考えるのが自然です。

また、**明確な目的をもたせるほど、ＡＩの進化も速くなる**と考えられます。たとえば、将棋のＡＩと囲碁のＡＩを分けて作って学習・進化させたほうが、将棋と囲碁の両方ができるＡＩよりも速く進化するはずです。実際、グーグルのAlphaGoは囲碁に勝つことだけに特化したＡＩとして開発されました。資産運用の世界でも、「あれもこれも」できるＡＩより、目的を限定させたＡＩがいくつも生まれるほうが、全体として速く進化していくでしょう。

さまざまなタイプのＡＩが乱立するということは、ＡＩの動きはそれぞれ異なるということです。世界的に株価が下がるような場面で、あるＡＩが一斉に株式を売ったとしても、別のＡＩは株価が割安になったと判断して買う側に回ります。今の株式市場で、さまざまな考え方の人が取引をしているのと同じような構造です。

未来を予測することは難しいのですが、さまざまなタイプのＡＩが発展していくシナリオのほうが現実的であり、その場合には、ＡＩによって株式市場が不安定になるという懸念は杞憂に終わるのではないかと思います。

テクノロジーと倫理は車の両輪

ＡＩによる自動最適化サービスは、金融のほか、自動運転などさまざまな分野で登場しつつあります。こうしたサービスは私たちの暮らしを便利にしてくれる一方、倫理的な課題も浮き彫りにします。

第１に、**私たち人間がＡＩの行動の正しさをどのように判断するか**です。

今のところ、ＡＩはあくまで人間が設定した目的の範囲内で進化しています。とはいえ、倫理的な観点からＡＩの行動をチェックし制御するのは簡単ではありません。

自動運転を例にとってみましょう。

自動運転を司るＡＩが人命の保護を最優先に、運転方法を学習し、進化するよう目的を設定したとします。しかし、乗客と歩行者のどちらか一方だけを守れるような状況において、どちらの人命を優先したらよいのでしょうか。たとえばＡＩの主人である車の所有者を最優先するという目的は倫理的に正しいのでしょうか。子どもを最優先するという場合はどうでしょうか。このような倫理的な問いにどうアプローチするかは、私たち人間が決めることです。

第2に、**ＡＩの仕組みについての透明性をどう担保するか**です。

自動でお任せのサービスは、それがどれほど便利で優れていたとしても、信頼できなければ利用できません。

自動運転車に何度か乗せてもらったことがありますが、率直に言って、自分で運転するよりも安全だという印象を受けました。それでも、自分自身の命を預ける以上、自動運転を信頼するには相当の勇気が要ります。

信頼に値するかを判断するには、AIを含め、サービスの仕組み全体がガラス張りになっている必要があります。もちろん、自動運転の仕組みがガラス張りになっていたとしても、専門知識のない私が完全に理解するのはほぼ不可能です。しかし今の時代、情報が公開されれば、専門家が内容をすぐに分析して、その結果をインターネットで公表します。自動運転について素人の私でも、こうした専門家の判断や、そこから形成される集合知を頼りに、自動運転車を信頼するかどうかを決められます。

資産運用についても同じです。人間の脳は資産運用に向いていません。このため、感情をもたないロボアドバイザーを利用したほうが、心理的な罠を避け、うまく運用できる可能性が高くなります。たとえそのことを理解していたとしても、自分や家族の生命と健康の次くらいに大切なお金を預けることには不安を覚える人は多いはずです。

ウェルスナビでは、2016年7月のサービス開始から3カ月後に、アルゴリズムの内容を説明したホワイトペーパーを公開しました。自動の資産運用の中身を詳しく公表した事例は海外にはありますが、国内ではウェルスナビが初めてです。

もちろん、投資が初めてという人がホワイトペーパーの内容をすべて理解できるかといえば、おそらく難しいでしょう。資産運用の本質は数学であり、正確に理解することは容易ではありません。ただ、正しい訓練を受けた資産運用の専門家であれば、ホワイトペーパーで説明されているアルゴリズムを正確に理解し、一定の評価を下すことができます。

最悪のケースもガラス張りにしています。

「もし今が2008年1月で8カ月後にリーマン・ショックが来たらどうなるのか」を、スタートする前でも運用中でもいつでも、視覚的に確認できるようにしています。リーマン・ショックのようなケースをあえてわかりやすく伝えることで、金融の専門知識がなくてもリスクをより直感的に理解できるようにしています。

透明性を確保することで、第三者が評価できるようになり、やがては集合知となります。その集合知が、ＡＩを使ったサービスへの信頼性を醸成していくことになると考えています。

第3に、**AIが利用者の利益を最優先するよう設計される**ことが大切です。

AIが活躍するシーンでは、**利用者とサービス提供者との間に、圧倒的な情報格差**があります。現実の世界でAIの立場にいちばん近いのは、医師や弁護士などの専門職です。医師に「あなたは胃がんです」と診断され、「本当にそうだろうか。肝臓がんではないだろうか」と疑う人はほとんどいません。医師と患者の間には、圧倒的な情報格差があるからです。そのため医師は、もっている知識や技術を、患者のために最大限に発揮する倫理的な責任を負っています。

資産運用サービスにも医者と同じレベルの倫理観が必要だという考え方は、ウェルスナビ独自のものではありません。2017年には、金融庁が「フィデューシャリー・デューティー（fiduciary duty）」というルールを打ち出しました。

フィデューシャリー・デューティーはもともと、医師と患者のような特別な信頼関係（ラテン語で「信頼」は“fides”）に基づき、信頼される側が、信頼せざるを得ない側の利益を最優先する責任を負うよう定めたルールです。このルールは過去数百年にわたってイギリスやアメリカで発展し、20世紀のアメリカで金融機関の責任に応用されるようになりました。

ＡＩによる資産運用というと、テクノロジーの効用が注目されがちです。しかし、**テクノロジーはあくまでも道具であり、それを使って利用者の利益を最優先する仕組みや環境を整えていくことのほうが大切**です。高度なテクノロジーと高度な倫理は、便利で豊かな社会を実現するための、車の両輪なのです。

コラム　金融インフラのスタート地点は、預かり資産1兆円

日本は「資産運用の民主化」がもっとも必要とされている国です。日本は世界でも急速に少子高齢化が進んでいます。世界水準の資産運用を、日本の誰もが安心して利用できるインフラとして築くことが今、急務となっています。

インフラとは、誰もが安心して利用できる存在です。郵便、上下水道、鉄道、高速道路、航空網、インターネット、携帯電話などは、すべて重要な社会インフラとして機能しています。

こうしたインフラが登場する前は、限られた層だけがこうしたサービスを利用していました。郵便がインフラとして成立する前、遠くに手紙を送れたのは、ごく一部の人だけでした。交通インフラが整備される前には、旅行は特別なときにしかできませんでした。インフラが整備された今、手紙や電子メールを送ったり、旅行したりすることは当たり前に

なり、かつてどのように生活していたかを想像することすら難しいほどです。

ウェルスナビは、「2020年に預かり資産1兆円」という目標を掲げています。2015年に創業したばかりのスタートアップとしては、非現実的だと感じる人もいるかもしれません。しかし、誰もが安心して利用できる次世代インフラとして成立するには、「預かり資産1兆円」はゴールではなくスタート地点です。

ウェルスナビのように資産運用を全自動で行うロボアドバイザーは、2017年以降、日本でも急成長しています。ウェルスナビは、利用者数、預かり資産ともに国内最大手で、預かり資産ではロボアドバイザー市場のおよそ半分を占めています。(2)

仮に2020年にウェルスナビの預かり資産が1兆円、ロボアドバイザー全体の預かり資産が2兆円に育ったとしても、1800兆円の個人金融資産の0・1%に過ぎません。

日本よりも数年早くロボアドバイザーが立ち上がっている米国では、預かり資産が1兆円を超えるロボアドバイザーが4社あり、そのうち2社がウェルスナビと同じようなスタートアップです。スタートアップのひとつであるベターメント（Betterment）は、2018年3月の時点で預かり資産が約1・5兆円（135億ドル）ですが、預かり資産が1000億円を超えるまで、サービス開始から4年あまりかかりました。

ウェルスナビは、サービス開始からおよそ2年半で預かり資産1000億円に到達しました。これはベターメントよりも速いペースです。ロボアドバイザーが日本の働く世代から切実に求められていることを実感させる数字であり、「2020年に預かり資産1兆円」という私たちの目標も、十分に達成できる可能性があるでしょう。

しかし、「1兆円」という目標は、ゴールではなくあくまでもスタート地点です。1兆円をスタート地点として、誰でも安心して利用できる次世代インフラとしての資産運用サービスを日本に広げていきたいと考えています。

(2) 一般社団法人日本投資顧問業協会「契約資産状況（最新版）平成30年6月末現在」より。モーニングスター社調べ（2018年8月調査）。

第7章
お金から自由になったら何をしたいか

自由になるために実践すべき3つのこと

「はじめに」でも紹介しましたが、私は大学を卒業してから一貫して、お金に関わる仕事をしてきました。本章では、これまでの経験を通じて考えてきたお金との付き合い方について触れておきます。

財務省では金融や財政政策に関わり、マッキンゼーでは日米の金融機関をサポートしました。起業した今は、全自動の資産運用サービス「ウェルスナビ」を手がけています。20年近く、仕事ではお金のことばかり考えてきたと言っても過言ではありません。

財務省やマッキンゼーで扱ったお金は、ときに数千億円や数兆円という単位でした。仕事がないときには貯金が8万円まで落ち込んで1杯のコーヒーを夫婦でシェアし、一方でマッキンゼーのニューヨーク時代にはファーストクラスでの出張が当たり前という華やかな暮らしを経験しました。

お金があったりなかったり、ジェットコースターのように変わる環境に身を置いたこと

で、お金の存在意義と真剣に向き合うようになったと思います。

「願いをかなえる」ために、どうしてもお金が必要になることがあります。たとえば、国が社会保障を充実させるには、財源としてのお金が必要です。個人が老後を安心して過ごすにも、やはりお金が必要です。旅行に行きたいと思ったときも、子どもに満足のいく教育を受けさせたいときも同じです。

「願いをかなえる」だけでなく、「望まないことをしない」ためにも、やはりお金が必要です。つまり**お金とは、自由を得る手段**だといえます。

ただ、**お金に執着すると自由を失う**こともあります。本当はやりたい仕事があるのに、高収入だからとやりたくない仕事を続けているときは、お金に執着して仕事を選ぶ自由を失っています。お金を得ることが自己目的化すると、かえって不自由になってしまうのです。

お金を通じて自由を得るには、どうすればいいでしょうか。私には3つの実践ルールがあります。

（1）若いときは自己投資で可能性を広げる
（2）働かなくても2年間やっていける蓄えをつくる
（3）収入が増えても生活水準を上げすぎない

これら3つのルールについて、私の経験をもとにご紹介します。

自己投資で将来の可能性を広げる

財務省庁舎の3階には、職員専用の食堂があります。社会人1年目の私は、食堂のショーケースの前で、470円のA定食にするか560円の和定食にするかを毎日考えあぐねていました。

仕事で扱うお金の単位は「兆円」が基本でした。それが昼休みになると90円の差に逡巡していたわけで、**仕事とプライベートではかなりの金銭ギャップ**がありました。

なぜそんなにお金に困っていたかというと、英会話教室に通うために、教育ローンを抱えていたからです。当時は、入省して3年目に海外の大学院に留学するのが通例でした。財務省による留学準備のサポートは、基本的に一切ありません。自分で英語の試験を受け、英語のエッセイを書き、推薦状を用意して大学院に合格する必要がありました。

ところが、大学の卒業旅行まで一度も日本から出たことがなかった私は、英語が大の苦手でした。内定を得た1999年の夏時点では、"Do you speak English?"という初歩的な会話すら満足にできない状態でした。数カ月で英会話学校の初級コースを終えても、大学院に留学するレベルにははるかに届きません。最初のローンを返せていないのに追加のローンを組み、中級コースへ進みました。入省した2000年4月にはすでに100万円近い借金を抱えていました。

入省後は英会話学校を掛け持ちし、休みになると練習を兼ねてアメリカを旅しました。ローンを返すスピードよりも、英会話のためにお金を使うスピードが勝って、借金は増える一方でした。給与が手取りで約20万円だったとき、教育ローンは200万円まで膨らみました。

英語が話せるようになったからといって、大学院に合格する保証はなく、仕事で英語を使う機会に恵まれるかどうかもわかりません。しかし英語を話せなければ、いずれのチャンスも失います。「お金」がないとキャリアの選択肢の幅が狭まってしまうかもしれず、合格通知を受け取る瞬間まで気を抜けませんでした。少しでも可能性を高めるため、身の丈以上の借金をすることに何のためらいもありませんでした。

結果として、大学院に留学し、海外で仕事をする機会にも恵まれました。**借金をしてまで自分に投資した200万円は、自分がチャンスをつかむきっかけ**になりました。

ウェルスナビを立ち上げた今、20代の人から「若いときはどのように資産運用をすればいいですか?」と聞かれることがあります。資産運用に興味をもってもらえるのはうれしいのですが、私は「若いうちは無理して資産運用をするより、自分に投資してみてはどうでしょうか」と答えています。

「長期・積立・分散」の資産運用では、年3~4%程度と予測されている世界経済の成長率を上回る、年4~6%のリターンを期待できます。時間を味方につけることが大切なので、1年でも早く始めたほうがよい結果につながりやすいでしょう。

とはいえ、**若いときの自己投資に勝るものはない**と思います。自分自身のスキルを磨き、視野を広げるための自己投資は人生を豊かにし、やがては何倍、何十倍もの大きなリターンとなって返ってくるはずです。それは「長期・積立・分散」による年4~6%程度のリターンではありません。**英会話を学ぶ、資格を取る、バックパッカーとして世界を巡るなど、人それぞれの自己投資のやり方**があります。

若いうちは自己投資をして、なお余裕があるなら資産運用をする、というくらいの考え方でちょうどいいのではないでしょうか。

働かなくても最低2年間やっていける余裕をもつ

教育ローンの返済にメドがついたとき、**万一働けなくなっても、2年間はやっていける**

だけのお金を貯めようと決めました。お金があれば「願いをかなえる」、さらに「望んでいないことをしなくて済む」自由を手に入れられると考えたからです。

ちなみに1年分ではなく2年分のお金が必要だと思ったのは、1年というのは長いようでいて、あっという間だからです。**1年分の蓄えしかないと、仕事をやめた瞬間に「残り11カ月」「残り10カ月」とすぐにカウントダウン**が始まり、精神衛生上よくありません。やはり2年分の蓄えが必要だと思います。

こうして教育ローンを返済してからの数年も、爪に火を灯すような倹約生活を送りました。

特に大変だったのは、イギリスの財務省で働いていた2006年からの2年間です。1ポンドが200円を超える為替レートと物価の高さに悩まされました。

新婚の妻と話し合って、「外食は月に1回」というルールをつくりました。困ったのは夫婦そろって好きなコーヒーでした。当時のロンドンのスターバックスでは、カフェラテが日本円にして1杯あたり700〜800円と、とても払える値段ではありませんでした。夫婦2人でスターバックスに入ると、充満するコーヒーの匂いを胸いっぱいに吸い込んで、何も注文せずに出てくることがよくありました。

日本に戻ってからもこの倹約生活を続け、やがて1000万円を貯めました。ちょうど年収の2年分くらいです。この1000万円が、思いがけない形で、自由を与えてくれました。

結婚してまだ1年ほどだった私の「願い」は、月並みかもしれませんが、仕事と家庭を両立させることでした。それは、日本の財務省で働きながら実現するのはとても難しいことでした。

同じ財務省でも、イギリスと日本ではワークライフバランスに対する考え方が違います。イギリスでは昼間の仕事の密度が濃く、スピードも速く、夕方には何も考えられなくなるほど、くたくたに疲れました。その代わりに家に早く帰れたので、週に3日は私が夕食を作っていました。

それが霞が関に戻ると、仕事の内容はそれほど変わらないのに、午前2時や3時まで仕事をするという日々へ急転しました。アメリカ人の妻が、霞が関の仕事文化を理解できるはずもありません。

仕事と家庭との両立に悩んだ挙げ句、最終的には家庭を選ぶことにしました。財務省を退職し、フランスのパリ郊外にあるビジネススクールに留学することにしたのです。

公務員という仕事にとてもやりがいを感じ、責任あるプロジェクトを任されていただけに、苦渋の決断でした。もし霞が関でもイギリス時代のような生活を送れていれば、現在も財務省で働き続けていたのではないかと思います。

このように思いがけない形で人生の岐路に立ったとき、思い切った**決断ができたのは、「2年分」のお金が手元にあったから**です。ビジネススクールへの留学で1年間働かなくても、その後すぐに就職すればなんとかなるだろうという見通しがありました。将来の心配は尽きないものの、少なくともお金の心配をすることだけはありませんでした。

「自立した個人」であるためのお金

少し話が脱線するかもしれませんが、経済的な自立は、個人のアイデンティティにも強く影響します。2年分の蓄えをつくろうとしたとき、私は**経済的に自立することで、組織に頼らず生きていけるようになろう**と考えていました。

2000年入省の新卒は、「大蔵省」に入省した最後の代です。私が学生のときに大蔵省の不祥事があり、財政と金融の分離が決まりました。入省して9カ月後に、大蔵省は財務省に変わりました。

大蔵省から内定を得たとき、目の前で起こっている不祥事について真剣に考えざるを得ませんでした。

世間的なイメージとは違うかもしれませんが、学生時代に公務員になろうと決意した人たちの大半は、「社会の役に立ちたい」というまっすぐな志をもっています。私の同級生もそうですし、20年前、30年前にさかのぼっても同じだったのではないかと思います。

志をもって入省したであろう人たちが、大蔵省で長く働くうちに感覚を麻痺させ、不祥事による大量処分の対象になった。**ひとつの組織と一体化してしまうと、自分の感覚も麻痺してしまうのかもしれない。**もし組織の感覚が世間とずれてしまっても、自分のバランス感覚を維持し、社会全体のために必要なときには勇気を出して「ノー」と言えるような人でありたい——。

そのためには、精神的にも経済的にも組織に依存しすぎないことが大切だ、と思いました。借金をして英会話学校に通い、2年分の蓄えをつくり始めた本質的な理由はここにあったのかもしれません。**「財務省の職員」である前に、「自立した個人」でありたかったの**です。

退職して10年近く経った今でも、私は財務省で一緒に働いた上司や同僚たちのことを、尊敬しています。財務省で働いた9年間は充実しており、退職する前の数年間は特に社会的意義の大きな仕事や、素晴らしい仕事仲間に恵まれました。しかし、仕事や仲間が好きだったことと、「自立した個人」を目指していたことは、矛盾しないと考えています。

貯金8万円のどん底が教えてくれたこと

この話には、後日談があります。2年分あったはずのお金は、私にとっては十分ではありませんでした。ビジネススクールに留学するには多額の費用がかかります。1000万円の蓄えは、卒業するときには100万円を切っていました。

それでも私は、ビジネススクールを卒業すれば仕事が見つかるだろう、と安易に考えていました。リーマン・ショック後、世界経済はまだ混迷のさなかでしたが、クラスメイトたちは卒業前に次々と名だたるグローバル企業から内定を得ていたからです。私も20社近い企業に応募しましたが、仕事が決まらないまま卒業することになりました。

卒業して2カ月経った2010年9月は、夏の暑さがまだ色濃く残っていました。私は妻と、四谷三丁目のスターバックスで1杯のドリップコーヒーを分け合い、将来について不安を募らせながら外を眺めていました。

腰かけていたカウンター越しのテラスに、愛犬をベビーカーに乗せた老婦人が現れました。老婦人は店内でマンゴー味のフラペチーノを注文するとベビーカーのところへ戻り、愛犬にフラペチーノを食べさせ始めました。

この瞬間、私は言い表しようのない衝撃を受けました。

品のいい飼い主に大事にされているこの犬は、フラペチーノをおいしそうに食べている。片や一大決心をして留学した私は、無職でお金もなく、昼間から1杯のコーヒーを妻とシェアしている。**自分は世の中に必要とされていない人間なのではないか**——。

書類選考に次々に落ち、せっかく面接に漕ぎつけても不採用が続いていました。毎日のように面接があるわけではないので、ほとんどの時間は手持ち無沙汰です。一日千秋の思いで待ち続けても、来るのは不採用通知ばかり。**社会との絆を失うダメージは、想像以上に大きい**ものでした[1]。

人を採用する立場になった今、当時の私が選考に落ち続けた理由がよくわかります。応募する側と同じく、採用する側も必死です。学歴や経歴は目をひくものの、**やりたいこと**

がはっきりしていない人を採用する余裕はありません。

このとき、経済的にも切羽詰《せっぱつ》まっていました。

生活費が残り2～3カ月分しかないという現実を突きつけられると、近所のスーパーの野菜の値段に敏感になります。一袋200円だったジャガイモが230円になると、体がビクッと反応しました。やや遅れて頭が「ジャガイモが値上がりしたけれど、今日はカレーを食べられるかな」と考えます。野菜を買うのをためらうほどなので、果物はもちろん贅沢品でした。

この**どん底での経験が、私のその後の人生を鼓舞**してくれています。どん底から4年後、マッキンゼーを退職して起業しようと思い立ったとき、「失敗するかもしれない」という不安が頭をよぎりました。統計上、7割の会社が創業から3年以内に倒産します。真っ先

（1）ある研究によると、仕事を一生懸命に探し続けているのに1年以上失業している状態が続くと大きなダメージを負い、完全に立ち直るのに5年以上かかる場合もあったそうです。そのダメージは、配偶者を亡くすケースよりも大きいということでした。私の場合、半年に満たない失業期間でしたが、長期の失業が絶望につながるという深淵を垣間見た気がしました。（トム・ラス／ジム・ハーター『幸福の習慣―世界150カ国調査でわかった人生を価値あるものにする5つの要素』ディスカヴァー・トゥエンティワン、2011年）

に思い浮かんだのが、あのスターバックスでの出来事でした。うまくいかなくても大丈夫だ、あのときほどひどい境遇にはならないだろう、と腹をくくりました。どん底を見た経験が、私を精神的に強くしてくれたように思います。

この〝フラペチーノ事件〟の翌月、私はマッキンゼーから内定をもらいました。私たち夫婦の貯金は8万円にまで減っており、まさに間一髪のタイミングでした。

ファーストクラスでは幸せになれない

マッキンゼーで働き始めた私を待っていたのは、別世界でした。**〝フラペチーノ事件〟など幻だったかと思えるほどの高収入とVIP待遇は、私を有頂天にさせました。**

特に入社から1年半でニューヨーク・オフィスに移ると、クレジットカードはプラチナカードになり、飛行機は毎回ファーストクラスにアップグレードされ、出張先のホテルではスイートルームを用意されるようになりました。

あるときニューヨークで国際線の飛行機を降りると、自分の名前のカードを掲げたグランド・アテンダントが待機していました。グランド・アテンダントは、行列に目もくれず入国審査官のいる場所へまっすぐに私を誘導します。「お客様をお通しください」と彼女が言うなりスタンプが押され、あっさり入国できてしまいました。空港の出口には、航空会社が手配した黒塗りのハイヤーが待機していて、そのままマンハッタンに向かいました。

ホテルでも同じような待遇を受けました。あるグローバルなホテルチェーンでは、1年間の宿泊が100日を超えると、専任のコンシェルジュが付きます。コンシェルジュに連絡すれば、「満室」であっても世界中のホテルを簡単に予約してくれます。ライバルチェーンのホテルを予約してほしいという願いも、即座に聞き入れられました。スイートルームが空いていればアップグレードされ、部屋には支配人からの手紙とともにフルーツが用意されていました。

最初のうちは好奇心も手伝い、VIP待遇を心から楽しんでいました。**しかしそのうち、心のどこかが落ち着かなくなっていきました。**ひどく不釣り合いな待遇を受けているのではないかという不安です。妻は妻で、経済的な不安から解き放たれたものの、私がそのうち、ホテルや飛行機で"Do you know who I am?"――「いったい私を誰だと思っているんだ」と言い出すのではないかと心配していたそうです。

家庭生活を大事にしたいという理由で財務省を辞めたのに、気づけば週に4日は出張という生活でした。スイートルームに泊まっても、広いリビングルームのソファにひとりぽつりと座っているだけです。深夜までパソコンで作業し、早朝から電話会議に臨みます。家族で余暇を存分に楽しめるように設計された部屋にいながら、家族と離れて仕事に追われ、睡眠不足になっている自分とのギャップに愕然としました。

冷静に考えれば、私がお金を払ってファーストクラスに搭乗し、スイートルームに泊まっているわけではありません。仕事柄、出張が多く、航空会社やホテルからお得意様だと思われているだけで、それもマッキンゼーのメンバーとしての特別扱いです。会社を離れれば消えてしまう、かりそめの姿にすぎません。

やがて出張では、スイートルームへのアップグレードを断るようになりました。普段から広い家に住んでいる人にとっては心地よいのだと思いますが、東京の狭いアパートに慣れていた私は、ホテルの部屋も狭いくらいのほうが落ち着きました。プラチナカードも解約しました。

どん底の生活からマッキンゼーに拾ってもらい、きらびやかな世界に心を奪われた瞬間があったのは事実です。航空会社やホテルの最上級会員になってみたい、プラチナカードを手に入れてみたいという気持ちも確かにありました。しかし、欲しかったものを手に入れても幸せを実感できず、それどころか不安に襲われました。

高収入もＶＩＰ待遇も幸せをもたらさないことに気づいた私は、「本当の豊かさとは何か」「自分にとって大切なものは何か」をようやく考え始めました。周りが決めた豊かさや幸せの基準に従うのではなく、**自分自身にとって本当に大切なものとは何か、本当にかなえたい願いとは何か、自分の心の内なる声に耳を傾け始めた**のです。

収入が増えても生活水準を上げない

「高収入なのに幸せだと感じない」という人は、私だけではありません。アメリカの世論調査会社・ギャラップが、世界の170万人を対象に行った調査をベースにした研究によると、年収がある一定額（地域によってバラツキがありますが、ひとつの目安として年収1000万円程度）を超えると、幸福度はむしろ下がることがわかりました。[2]

一定額までは、年収が増えるほど幸福度も上がります。衣食住や医療など、人間として生きていくうえでの基礎的なニーズが満たされるからです。**「衣食足りて礼節を知る」という言葉の通り**です。

しかし、**収入が一定額を超えると、幸福度は頭打ちになりかえって下がる**ケースもあります。理由は十分には解明されていませんが、高収入を得るために仕事で強いストレスを感じたり、家族と過ごす時間を犠牲にしたり、周りの高収入の人たちと自分を比較しすぎるようになるからではないかといわれています。

実際、収入が増えると、周囲に合わせて、自分の生活水準を知らず知らずのうちに上げてしまうことは珍しくありません。そして一度上がった生活水準を下げるのは非常に難しいことです。毎朝始発の電車に座って通勤できていたのが、始発駅が変わって毎日立って通勤しなければならなくなるようなものです。

ニューヨーク時代、自分の住むアパートの広さはそれまでと変えず、家での生活水準は質素にしていたつもりでした。ただ、飛行機やホテルなどでのＶＩＰ待遇でいつのまにか金銭感覚が変わっていきました。

財務省時代は昼食の90円の差に悩んでいたのに、ニューヨークでは10ドル札（約１０００円）が１００円玉くらいの感覚になっていました。「このままあと数年マッキンゼーで働くと、50ドル（約５０００円）くらいの買い物にはほとんど迷わなくなる」とニ

(2) Andrew T. Jebb, Louis Tay, Ed Diener and Shigehiro Oishi, "Happiness, income satiation, and turning points around the world", Nature Human Behavior, January 2018. 同じテーマのより古典的な研究として、同じくギャラップ社による45万件の調査票を分析した Daniel Kahneman and Angus Deaton, "High income improves evaluation of life but not emotional well-being", PNAS, September 21, 2010.

ューヨーク・オフィスの上司から忠告されたことが強く印象に残っています。マッキンゼーを退職した後、金銭感覚を元に戻すのは大変でした。

生活水準を上げていれば、もっと大変なことになっていただろうと思います。東京でもニューヨークでも、傍から見れば不相応な生活水準を維持しようと、やりたくない仕事を続けている人をたくさん見てきました。日本人の場合、やりたい仕事をやるために収入を下げて転職しようとすると、家族の反対にあうケースも多く目にしました。

「望まないことをしない」という自由を与えてくれるのがお金なのに、お金に縛られて、望まないことをしている典型です。こうした事態を避けるには、**収入が上がっても生活水準を上げすぎないことが大切**です。

アメリカ人の妻の両親が数億円の金融資産をもつ富裕層であることに何年も気づかなかったのは、生活スタイルがとても質素だったからです。そのおかげで妻の両親は老後の資産を築くのが早く、定年前にリタイアすることができました。質素な生活スタイルは今も変わりません。義理の父はバックパッカーとして、1年の半分近くを自然の中で過ごし、キャンプをして楽しんでいます。義理の母は趣味のキルトづくりを何年も続けています。また、シカゴからはるばる、夫婦でハリケーン被災地の復興に何度も参加するなど、必要なときに大きな出費ができるのも、普段から質素な生活を続けているためかもしれません。

お金から自由になったら何をしたいか

マッキンゼー時代は高収入だったので、「働かなくても2年やっていけるだけの蓄え」は十分にありました。そこで、自分は何をかなえたいのか、何をしたくないのかを、真剣に問いかけるようになりました。

入社4年目の2014年秋、オーストリアで世界中から幹部候補を集めた合宿が開かれました。アルプスの山奥で3人1組になり、このままコンサルタントとしての道を極めたいのか、ほかに進みたい道があるのか、5日間ディスカッションをしました。

合宿の最終日、私はマッキンゼーの仲間たちを前に宣言していました。

「日本の個人投資家向けに、オンラインのウェルスマネジメント（資産運用）サービスをつくる。2020年の東京オリンピックまでに預かり資産を1兆円にし、誰でも富裕層向けの資産運用を利用できるように民主化する」

そして2015年3月、私はマッキンゼーを退職し、翌4月にウェルスナビを起業しました。

スタートアップは、ベンチャー・キャピタルなどから必要資金を調達し、事業を成長させていきます。ウェルスナビは、2015年10月、メガバンク3行やベンチャー・キャピタルなどから6億円の資金を調達しました。

正直、**それほど大きな資金が必要になるとは想像していませんでした。**

法律上、第一種金融商品取引業（いわゆる証券業）を営むために最低限、必要な資本金は5000万円です。ギリギリ集められるのではないかと思いました。ところが創業後に事業計画を立ててみると、事業開始のために6億円の資金が必要だとわかり、途方に暮れました。ビジネススクールに留学するための資金とは桁がひとつ違います。個人の2年分どころではありません。

当時ウェルスナビにあったのは、私がプログラミング学校に通って自作したサービスのプロトタイプと事業計画書、創業理念に賛同して入社してくれた数人の創業メンバーだけでした。もちろん、サービスを提供するために必要なライセンス（正確には金融商品取引法上の登録）もありません。それでも、ベンチャー・キャピタル数社が出資を真剣に検討してくれました。

金融庁と関東財務局による事前審査が進み、サービス提供のライセンスを得るうえで残った課題は6億円の資本金を集めることだけになりました。それと同時に、ベンチャー・キャピタルからは、ライセンスを得られたら6億円出資するという約束を取りつけました。しかし、これでは「鶏が先か、卵が先か」です。完全に行き詰まってしまいました。

最終的には、ベンチャー・キャピタルがリスクを取り、２０１５年10月に6億円の資金調達を発表しました。ライセンスを取得したのはおよそ7週間後のことで、ベンチャー・キャピタリストのキャリアを懸けた決断に助けられました。

ライセンスを取得できなければ出資金を返済することになっており、しかも不足分については私個人が埋め合わせる取り決めになっていました。**ここまで大きなリスクを取るのは、起業家として正気の沙汰ではない、と言われた**ことがあります。合理的に考えれば、そのような無謀ともいえるリスクを取るべきではなかったのかもしれません。

しかし私には、誰もが安心して利用できる「働く世代の資産運用」サービスを日本に築くという夢があり、あきらめることはどうしてもできませんでした。その背景には、ひとりの金融の専門家としての志もありますが、それ以上に、日米の両親の10倍の金融資産の格差に衝撃を受けたという個人的な体験が大きかったように思います。もしも、誰もが安心して利用できる「働く世代の資産運用」サービスが日本にあれば、私の両親も日本社会も、もっと豊かになっていたはずだからです。

財務省で働いていたとき、少子高齢化が進む中で高齢者向けの政策づくりに取り組めた一方、**働く世代向けの政策づくりには十分に力を注げなかった、という忸怩《じくじ》たる思い**もありました。「働く世代の資産運用」サービスを、子の代、孫の代まで残せるようなインフラとして築きたいという願いは、ますます強くなっています。

起業家としての実績もなく、正式にリリースしたサービスもない中で資金が集まり、その後、事業が順調に軌道に乗っていったのは、多くの人たちが創業の想いに共感し、後押ししてくれたからだと思います。

お金から自由になったとき何をするかは、一人ひとりの自由です。私の場合は、「働く世代に豊かさを」というビジョンを実現するための起業でした。マッキンゼー時代と比べると生活は苦しくなりましたが、新しい仲間に囲まれ、毎日、充実した日々を過ごしています。

今の社会を生きていくうえで、お金は人生と切っても切り離せない存在です。私たち一人ひとりがお金と向き合い、自由を得て、願いをかなえていくことで、社会はきっとよくなると考えています。「働く世代に豊かさを」というウェルスナビの理念は、私たち一人ひとりの経済的な充実だけでなく、その先の、より自由で、より多様で、より豊かな社会の実現をも見つめています。

おわりに

今の日本ほど、働く世代の資産運用が求められている国はありません。終身雇用を中核とする日本型雇用が終わりを告げ、少子高齢化もますます加速しています。国や企業に頼らず、自分の老後に備えて自分で資産運用をするべき時代になっています。

「長期・積立・分散」の資産運用をするということは、世界経済全体に投資し、成長の種まきをし、肥料をやるということです。数年に一度は、日照りや台風（国際的な金融危機）に見舞われることになります。しかし長い目で見れば、世界経済がもたらしてくれる実りが私たちの生活や老後を支えてくれることになります。

もちろん、世界経済が今後も成長し続けるのか、という疑問をもつ人もいるでしょう。

特に日本のように経済が停滞している国にいると、世界中が日本のようになるのではないかと思いがちです。しかし日本のように「失われた20年」を経験している国は、世界的にも稀です。実際、日本経済が停滞していた過去25年間、世界経済は成長を続けてきました。

世界経済、つまり世界全体のＧＤＰ（国内総生産）は、「労働人口×労働生産性」で導き出されます。これからの２０５０年までの30年間の見通しでは、世界の労働人口は増え続け、人工知能（ＡＩ）などのテクノロジーによって世界全体の労働生産性は今後ますます向上していきます。このような世界経済の成長は、資産運用でお金を増やしていくうえでのベースとなります。

むしろ**真剣に考えるべきは、「何のために資産運用をするべきか」**ということです。資産運用によってお金を増やすことは、あくまでも手段であって目的ではありません。

「お金」は、自分が自由を得るために必要なものです。私の場合、留学して勉強するために、子育てのために、事業を興すために、いつもお金を必要としてきました。一人前に働けるように育ったのも、両親が住宅ローンの重い負担に苦しみながらも一生懸命に働き、家族の生活や私の教育のためのお金を得たおかげです。

ところが**日本では、お金の話をするのはタブーだというイメージが強い**ように思います。

お金に関して、日本らしいと思う言葉に「清貧」があります。行いが清らかで私欲がなく、貧しく暮らしているという意味で使われます。「清貧」の反対が、「金の亡者」かもしれません。「守銭奴」「成金」、かつての流行語でいえば「ヒルズ族」のように、お金をもっている人を揶揄《やゆ》する言葉はたくさんあります。

このような言葉や考え方が定着した背景には、とりわけ「失われた20年」に先立つバブルの時代に、手っ取り早くお金を儲けることや、簡単にお金を増やすことが過度に追求されたことへの後悔と反省の念があるのかもしれません。

働く世代がみずから「資産を増やす」という道を選ぶなら、これからの日本では**「清貧」でも「金の亡者」でもない第三の道を探る**ことができます。それは、真面目に働き、周りの人々や社会に役立つことと、経済的に豊かになることが両立する社会です。

そもそも、人生と真剣に向き合うとき、お金は切っても切り離すことができない存在であり、お金から目を背けるべきではありません。世界経済と時間を味方につける資産運用で**お金の不安から解放されれば、自分にとって本当に大切なこと、本当にやりたいことを追求していける**ようになります。私たち一人ひとりはもちろん、社会全体も豊かになっていきます。本書が、お金をポジティブにとらえ、お金について議論できるきっかけとなれば、これほどうれしいことはありません。

謝辞

本書の執筆にあたっては、大学の同級生であり、マッキンゼーの先輩でもある、山崎繭加さんの『ハーバードはなぜ日本の東北で学ぶのか』（ダイヤモンド社、２０１６年）に大きな刺激を受けました。

リーマン・ショック後、世界的な経済危機を引き起こした金融業界に多数の人材を送り込んでいたことから、「自分たちは本当に世界をよい方向に変えるリーダーを育成できていたのか」と反省するハーバード・ビジネススクール。「誰もがウォール街を目指す」時代が終わり、「自分はいったい何をしたいのか」と思い悩む、ハーバードのＭＢＡ学生。こうした環境下で、日本の東北復興の現場にＭＢＡ学生を迎え入れるプログラムを運営していた山崎さんの体験を綴った同書は、「自分は社会をよりよくするために何ができるのか」と悩み、起業家としての道を歩みつつあった私の背中を大きく押してくれました。

早稲田大学で行われた山崎さんの出版記念講演で、同書の編集者の柴田むつみさんと再会しました。柴田さんは、私がマッキンゼーのニューヨーク・オフィスに移る直前にマッキンゼーの仲間たちと翻訳出版した、『企業価値評価（第5版）』（ダイヤモンド社、2012年）の編集者でもあり、4年ぶりの偶然の再会に二人とも驚きました。山崎さんの講演後に地下鉄の中で、日本の資産運用の現状や私のビジョンについて柴田さんと話したことが、本書の出版につながりました。それから実に2年以上、辛抱強く執筆を見守ってくださった柴田さんに心から感謝しています。

このようなきっかけでスタートした本書の執筆ですが、現実には困難に満ちたものとなりました。金融機関や機関投資家にアドバイスをするほど資産運用に詳しい立場になると、かえってわかりやすく説明することができなくなってしまいます。普段の仕事で日常的に使っている言葉のうち、どれが専門用語なのかすら見分けがつきません。どの分野の専門家も陥りがちな罠ですが、資産運用の全体像をわかりやすく説明するには、どうしても乗り越えなければならない壁でした。

突破口となったのが、ダイヤモンド・オンラインでの連載と、約80回の資産運用セミナーです。

ダイヤモンド・オンラインの連載には多くの反響があり、世の中の関心がどのようなテーマにあるのかを知る手がかりとなりました。また、約80回の資産運用セミナーで、のべ2000人の方に資産運用について説明し続けた経験は、どのようにお伝えすればわかりやすいのかを聞き手の立場になって考える助けとなりました。

中でも、事前アンケートやセミナー中の質疑応答でいただいた1000を超える質問は、資産運用についてどのような点を説明すべきか考えるうえで、大きな手がかりとなりました。拙いセミナーにご参加くださった方にこの場をお借りしてお礼を申し上げます。また、とはいえ、本書においてわかりにくい点があれば、それはすべて私の責に帰するものです。

本書の構成や表現、用いられているデータや金融理論による裏づけの確認といった幅広い点について、ウェルスナビ株式会社の前野裕香さん、牛山史朗さんの手助けをいただきました。データや理論の正確さだけを厳密に追求すれば、金融のプロしか理解できない専門書になってしまいます。といって、わかりやすさだけを追求すれば、正確性が犠牲になります。自身や家族の命と健康の次に大切なお金に関わる本だけに、正確さに妥協して〝読まれる本〟に仕立てることだけは何としても避けたいと考えていました。わかりやすさと正確さを両立させようとした結果、編集と金融のそれぞれのプロである前野さん、牛山さんには多大な苦労をかけることになってしまいました。お二人には厚く御礼申し上げます。

最後に本書を、妻のアンドレア、そしてアンドレアと私の双方の両親に捧げます。それぞれが家族のために捧げてくれた時間と愛情に感謝を込めて。

柴山和久

２０１８年10月

[著者]
柴山和久（しばやま・かずひさ）
ウェルスナビ代表取締役CEO 。
次世代の金融インフラを日本に築きたいという思いから、2015年に起業し現職。2016年、世界水準の資産運用を自動化した「ウェルスナビ」をリリースした。2000年より9年間、日英の財務省で、予算、税制、金融、国際交渉に従事。2010年より5年間、マッキンゼーにおいて主に日米の金融プロジェクトに従事し、ウォール街に本拠を置く資産規模10兆円の機関投資家を1年半サポートした。東京大学法学部、ハーバード・ロースクール、INSEAD卒業。ニューヨーク州弁護士。

元財務官僚が５つの失敗をしてたどり着いた
これからの投資の思考法

2018年11月14日　第１刷発行
2020年３月27日　第６刷発行

著　者——柴山和久
発行所——ダイヤモンド社
〒150-8409　東京都渋谷区神宮前6-12-17
http://www.diamond.co.jp/
電話／03･5778･7236（編集）　03･5778･7240（販売）

ブックデザイン—杉山健太郎
イラスト——山内庸資
本文図表——うちきばがんた(G体)
本文DTP —桜井 淳
校閲————聚珍社
製作進行——ダイヤモンド・グラフィック社
印刷————信毎書籍印刷(本文)・新藤慶昌堂(カバー)
製本————川島製本所
編集担当——柴田むつみ

©2018 Kazuhisa Shibayama
ISBN 978-4-478-10690-7
落丁・乱丁本はお手数ですが小社営業局宛にお送りください。送料小社負担にてお取替えいたします。但し、古書店で購入されたものについてはお取替えできません。
無断転載・複製を禁ず
Printed in Japan